집 나간 할머니
사정수

집 나간 할머니 사정수

ⓒ사정수

초 판 1쇄 발행 2024년 3월 20일

지은이 사정수
펴낸이 정선모
디자인 가보경 이소윤

펴낸곳 도서출판 SUN
출판등록 제25100-2016-000022호
주 소 서울시 노원구 덕릉로 94길 21. 205-102
mobile 010. 5213. 0476
e-mail 44jsm@hanmail.net

ISBN 979-11-88270-74-3
값 16,000원

• 잘못된 책은 바꿔 드립니다.
• 이 책의 전부 또는 일부 내용을 재사용하려면 사전에 저작권자와 도서출판SUN의 동의를 받아야 합니다.

집 나간 할머니
사정수

사정수 에세이집

책을 내면서

누군가 이 조약돌을 들여다봐 준다면

"엄마, 나 기차 지붕 위에 타고 갔던 기억이 나는데 그게 언제였어?"
"그게 4살 때였는데 네가 어떻게 그걸 기억하니? 6·25 때 수원에서 조치원으로 피난 갈 때였단다."

세월이 많이도 흘렀다. 기차 지붕 위에 앉았던 내가 할머니 소리를 듣는 것이 전혀 어색하지 않은 나이가 되었으니 말이다. 할머니가 되고서야 쓰기 시작한 글은 한 해, 한 해를 보내며 내 삶을 뒤돌아보고 곱씹어 보는 일과가 되었다. 그렇게 가만히 들여다본 내 삶은 누가 알아주지도 않은 모난 돌에 불과했다. 살아오며 비바람과 눈보라 속에서 구르던 돌은 작은 냇물을 만났고, 다시 깨지고 부딪치며 강으로 갔다. 영원히 묻힐 것만 같은 깊고 어두운 강바닥 밑에 있던 돌을 큰비는 바다로 데려갔다. 그러는 사이 그 돌은 모난 구석들이 깎이고 무뎌져 작은 조약돌이 되었고, 어느덧 해변에 안착했다.

내 나름 무던하게 참고 노력했던 결과가 지금의 나를 만든 것 같다. 그런 삶 속에 녹아 있던 기억들이 긴 통로를 지나 하나둘씩 내게 찾아

왔다. 그때마다 나는 글을 썼다. 때로는 생각보다 손이 못 따라가서 답답했고, 때로는 흥겨워 콧노래가 나오기도 했다. 지난날들의 그리움과 후회가 몰려올 때면 컴퓨터 자판을 두드리며 눈이 붓도록 울기도 했다.

내 글이 묶여서 책이 된다니 감회가 깊다. 아무도 주목해 주지 않는 조약돌 같은 삶이지만, 그래도 우연히 누군가 이 조약돌을 주워 들여다 봐 준다면 기쁠 것 같다. 그것만으로도 행복할 것 같다.

2024년 3월에
사정수

목차

책을 내면서 · 누군가 이 조약돌을 들여다봐 준다면 4

제1장 눈을 감으면 오롯이 떠오르는

아버지의 손 10 · 고맙구나 14 · 어머니의 룸비니 단주 17 · 봄을 기다리는 이유 22 · 남편의 마지막 선물 25 · 그 도장의 무게 30 · 큰아들의 배냇저고리 34 · 다시 떠나는 여행 38 · 삼다수 120병 42 · 손님 오니 빨래 걷어요 46 · 여름 동치미 50 · 다섯 벌의 티셔츠 54 · 작품 판매 계약서 57 · 김치 다 먹고 갈게요 61 · 주인을 찾습니다 64 · 노 프라블럼 69

제2장 세상에서 가장 즐거운 건

한석봉 천자문 74 · 금상, '생활 속의 어린이' 78 · 엄마와 함께 떠난 노래 82 · 중급 레벨 7 86 · 영어 배우기 잘했네 90 · 탁구장의 진짜 사나이 93

제3장 길에서 만나는 뜻밖의

마담, 캔디? 100 · 그때까지 캠프파이어의 불은 타고 있었다 105 · 킬리만자로의 손수레 110 · 나미비아에서 스카이다이빙 113 · 콜만의 노래 117 · 부러진 스틱 120 · 캠프라인 헌 등산화 124 · 일흔 살의 가출 128 · W트레킹의 마지막 피츠로이 133 · 아비스코의 사우나 137 · 아이슬란드에서 배운 고스톱 140 · 할머니, 고개 좀 들어봐요 144 · 극極과 극極에 서다 149

제4장 그립다는 말조차 아득한

그때 그 시절에는 156 · 나도 한때는 껌 좀 씹었는데 159 · 가설극장 163 · 달도 먹고, 별도 먹고 167 · 그때 그런 일도 있었지 171 · 아버지의 밥상 174 · 할머니, 세상이 많이 변했어요 178 · 아이스께끼 공범 182 · 새야, 새야, 파랑새야 186

제5장 비로소 은은한 삶의 향기가

아프면 아프다고 하세요 192 · 영정 사진 197 · 일일 만 보―日 萬 步 200 · 김값 5천 원 204 · 위문을 왔으면 노래를 부르고 가야지 207 · 의사의 경고장 211 · 어르신, 칠땡은 너무 일러요 214 · 국가 공인 자격증 219

제6장 때로는 잔잔하게, 때로는 묵묵히

목동댁으로 살았던 곳 224 · 생일이 뭐가 중요해 229 · 알면 됐어 232 · 소소한 사치 237 · 코 맞은 강아지 240 · 부지깽이라도 되어 볼까 243 · 달력 속에 나의 삶 246 · 글 한번 써 보실래요 249 · 청포도가 익어가던 날 252

제1장

눈을 감으면
오롯이 떠오르는

아버지의 손

　작년부터 몸이 이곳저곳 가렵다. 멀쩡한데 긁으면 벌겋게 부풀었다가 곧 없어지곤 한다. 의사 말로는 피부에 수분이 없어져 생긴 증상이란다. 나이가 들면 어쩔 수 없단다. 늙어가는 몸, 그러려니 어쩔 수 없지 하면서도 왠지 서글퍼진다. 가끔은 한밤중에 가려워서 잠에서 깰 때도 있다. 혼자 지내다 보니 손이 닿는 곳은 벅벅 긁을 수 있지만, 등이 가려울 때는 아주 난감하다. 침대에 누워 등을 비벼도 영 해갈되지 않았다. 그러던 어느 날 갑자기 아버지의 유품인 효자손이 생각났다.
　효자손은 아버지의 손때가 묻어 반질반질하다. 니스칠을 한 것 같다. 길이는 40cm쯤 된다. 대나무로 만들어졌으며 한쪽 끝은 다섯 손가락을 오므린 모양이다. 중간 부분에는 검은색으로 효자손이라고 쓰여 있다. 얼마나 오래도록 쓰셨는지 손 모양이 있는 곳은 닳아서 매끄럽다.
　연세가 들어가며 어머니와 아버지는 티격태격 다투셨다. 이유는 서로 등을 시원하게 못 긁는다는 거였다. 내가 가면 아버지는 기다렸다는 듯이 등 좀 긁으라고 등부터 들이대셨다. 벅벅 긁어드리면 시원하다는 말씀을 쉬지 않고 하셨다. 그다음에는 어머니 타박이 나왔다. 아버지는 어머니를 시원하게 긁어주는데, 어머니가 시원하게 못 긁는다는 말이다. 어머니는 어머니대로 하소연을 하신다. 아버지가 자주 씻지 않아 등을 긁으면 허연 때가 손톱에 묻는 것이 싫어 살살 긁어준다고 하셨다. 그렇게 두 분이 다투시는 것을 본 나는 25년 전, 속리산 기념품점에서 아버지에게 효자손을 사다 드렸다.

　아버지는 내 등도 시원하게 잘 긁어주셨다. 유년 시절을 시골에서 보낸 나는 겨울철에 목욕이라는 것을 모르고 살았다. 정월 명절 하루 전날 어머니가 커다란 함지박에 따뜻한 물을 데워 붓고 부엌에서 씻겨 주시는 것이 고작이었다. 몸을 자주 씻지 않은 탓인지 그때는 머리와 옷에 이가 극성을 떨었다. 몸뚱이와 머릿속이 근지러워 늘 긁적였다. 낮에 뛰어놀 때는 가려운 줄 모른다. 밤에 아늑하고 따뜻한 이불 속에만 들어가면 스멀거리며 가려웠다. 손이 닿는 곳은 혼자 긁을 수 있었지만, 등이 가려울 때는 아버지나 어머니 손을 빌렸다. 나는 어머니가 긁어주는 것보다 아버지가 긁어주는 것이 훨씬 시원했다. 아버지의 두툼하고 커다란 손이 내 등에서 위아래로 움직이면 스르르 잠이 들었다.

　효자손으로 아버지는 등만 긁지 않으셨다. 머리만 가려워도 효자손부터 챙겨 몇 가닥 없는 머릿속을 득득 문지르셨다. 가끔은 어깨도 툭툭 때리고, 종아리, 발바닥도 두드리셨다. 앉았다 일어서기 귀찮으실 때는 효자손으로 슬그머니 신문이나 책을 잡아당겨 읽곤 하셨다. 그뿐이 아니었다. TV 리모트 컨트롤이 생기기 전까지는 텔레비전을 켜고 끌 때도 효자손으로 버튼을 누르셨다. 그렇게 효자손은 늘 아버지의 손과 발이 되었다.

어머니가 작고하신 뒤, 아버지는 5년 동안 실버타운 '유당마을'에서 지내셨다. 나는 일주일에 한 번씩 아버지에게 다녔다. 어느 날 늘 쓰던 효자손이 없어졌다고 한숨을 푹푹 쉬셨다. 여기저기 찾아보았지만 없단다. 아버지 생각으로는 침대 밑에 있을 것 같다고 하신다. 나는 엎드려서 아버지의 지팡이를 침대 밑에 넣고 휘둘러보았다. 없었다. 그렇다고 무거운 침대를 혼자 옮긴다는 것은 무리였다. 효자손 찾기를 포기한 나는 새 것으로 사다 드린다고 했다.

"글쎄 나는 새것도 필요하지 않아. 침대 밑을 더 찾아봐."

"아버지 보셨잖아요. 없어요. 나도 구부리는 것이 힘들다니까요."

나는 고집을 피우시는 아버지에게 퉁퉁거렸다.

그 후, 새것을 사다 드렸지만 나만 보면 불편함을 털어놓으셨다. 효자손이 너무 날카로워 긁으면 시원하기는커녕 아프다며 등을 내보이셨다. 앙상하게 뼈만 남은 등에는 효자손에 긁힌 상처에 검은 딱지가 드문드문 붙어 있었다.

"아버지, 가렵다고 막 긁지 마시고 살살 하세요."

내가 한 말이 속상했는지 대답하지 않으셨다.

2020년 6월 아버지가 작고하신 후, 동생들과 아버지 유품을 정리할 때였다. 침대를 들어내자 낡은 효자손이 눈에 들어왔다. 아버지가 그토록 찾으셨던 효자손은 침대가 놓여 있던 벽과 방바닥이 만나는 모서리에 먼지를 뒤집어쓰고 있었다. 얼마나 오래 거기에 있었는지 짐작하기 어려웠다.

"그래, 거기 있잖니?"

아버지의 냉랭한 음성이 내 귀를 때렸다. 순간 '아차' 했다. 나는 망설임 없이 효자손을 집어 들어 먼지를 닦아 가방 속에 넣었다. 지켜보던 여동생이 새것 사서 쓰라고 한다. 나는 아무 말도 하지 않고 웃었다. 동생이 내 마음을 알 리가 없어서였다. 아버지가 밤이나 낮이나 늘 같이했던 물건이기에 내게는 더 소중했다. 아버지의 유품을 내 곁에 두고 필요할 때 사용하고 싶었다.

  자정이 가까웠다. 침대에 누운 나는 효자손이 제자리에 있는지 더듬어 확인했다. 설핏 잠이 들었을 때다. 등이 근질근질 가려웠다. 손을 뻗어 아버지의 두툼한 손을 찾았다. 아버지는 내가 어디가 가려운지 아시고 찾아다니며 골고루 긁어주신다. 나는 그 옛날 유년 시절 속으로 푹 빠져들어갔다. 잠이 스르르 온다.

  아버지의 손은 여전히 시원했다.

고맙구나

전화가 울렸다. 시계를 보니 새벽 4시다.

"어르신이 누워서 일어나지를 못하시네요."

전화기 속의 목소리는 낯설었다. 가슴이 덜컹 내려앉았다. 코로나19로 아버지를 못 본 지 두 달이 되었다. 따뜻한 봄이 되면 그토록 원하던 큰딸 집에 오기로 했는데, 갑자기 편찮으시다니……. 여러 가지 생각으로 머리가 복잡해졌다.

며칠 전만 해도 전화를 걸어 투정을 부렸던 아버지다. 나를 언제 데려갈 것이냐고 했다. 누구 집이든 당장 가야겠다고 한다. 자식들이 넷이나 있는데 왜 내가 실버타운에서 살아야 하는지 모르겠다며 울먹거렸다. 나는 봄까지만 참아보라고 할 뿐 아무 말도 하지 못했다.

"너희 사 남매가 나를 버렸구나."

아버지 목소리에 힘이 없었다. 긴 한숨을 전화기 속에 남기고 전화를 끊었다.

5년 전 엄마가 돌아가셨다. 사 남매가 있었지만, 아버지를 모신다는 자식이 없었다. 91세의 아버지는 북수원에 있는 실버타운 '유당마을'에 입주했다. 시설이 잘 갖추어져 있고 쾌적한 곳이었지만 아버지는 적응하지 못했다. 칼칼한 음식을 좋아했던 아버지는 반찬이 싱거워 입에 맞지 않는다며 늘 불평했다. 나는 아버지 입에 맞는 반찬을 만들어 일주일에 한 번씩 갔다. 꽈리고추조림, 미나리 물김치, 마늘장아찌, 얼큰하게 무친 콩나물 등이었다.

아버지는 나를 볼 때마다 내 귀를 울렸다. 자식들이 오라고 해도 아들 집은 며느리가 불편하고, 막내딸은 몸이 약해 가고 싶지 않단다. 아이들을 다 출가시키고 혼자 지내는 나와 살고 싶다고 하셨다. 그런 말을 들을 때마다 마음이 약해졌지만, 선뜻 같이 살자고 말하지 못했다. 내 자식들이 반대했기 때문이었다. 나는 아버지와 반대하는 자식들 사이에서 늘 망설이며 한 해, 한 해를 보냈다.

아버지는 갈 때마다 다른 모습으로 다가왔다. 두 볼과 눈은 움푹 들어가 있었고, 얼굴빛은 누렇게 변해갔다. 지팡이를 짚고 걷는 걸음도 버거워 보였다. 구부정한 어깨에 앙상한 등뼈 줄기가 도드라졌다. 뼈만 남은 손의 파란 힘줄은 먼 강줄기를 보는 듯했다. 아버지 모습에서 얼마 남지 않은 나를 보았다. 순간 돌아가시기 전에 우리 집에 한 달만 모셔야겠다는 생각이 들었다. 그게 2019년 12월이었다.

"아버지, 내년 봄 따뜻해지면 우리 집에 오세요."

망설이기만 했던 마음을 털어냈다.

"고맙구나."

아버지 얼굴이 환해지며 눈가가 촉촉해졌다. 이제나저제나 우리 집으로 오라는 말을 얼마나 기다렸을까? 겨울이 빨리 가고 봄이 왔으면 좋겠다고 하신다. 그날따라 걸어가는 아버지 지팡이 소리가 크게 들렸다. 기분이 좋은지 묻지도 않는 말을 두서없이 했다. 엄마는 돌아가시기 전 아버지에게 그래도 큰딸 집이 제일 편할 것이라고 했단다.

"네 맘 다 알고 있다. 너도 칠십이 훌쩍 넘었으니 말이다."

그렇게 말하는 아버지를 보며 콧등이 시큰해졌다. 하지만 밀려오는 것은 때늦은 후회뿐이었다. 그것이 아버지와 마지막 대화가 될 줄은 몰랐다.

창문을 활짝 열었다. 바람이 아버지의 목소리를 싣고 와 내 귓속을 파고든다. 아버지가 위독하다는 연락을 받고도 코로나19로 가지 못했다. 임종도 지키지 못했다. 그동안 아버지는 자식들에게 서운하고 배신감마저 느끼셨을 것이다. 이제는 투정 부리던 아버지 목소리를 들을 수도 없고, 볼 수도 없다. 아버지 생각이 날 때마다 가슴이 아려온다. 때늦은 후회만 남는다.

어머니의 룸비니 단주

잠에서 깨었지만 정신이 몽롱하다. 창밖은 어두컴컴하다. 어둠을 더듬어서 옆에 둔 휴대폰을 켰다. 환한 불빛에 눈이 부시다. 새벽 4시 45분이다. 해가 뜨려면 한 시간이나 더 있어야 한다. 다시 자려고 했지만 잠이 오지 않는다. 꿈에서는 어머니 같았는데 눈을 감고 곱씹어보니 누구였는지 잘 모르겠다. 분명 무엇인가를 받으려고 두 손을 내밀며 꿈에서 깬 것은 확실하다. 단주 같기도 했는데 흐릿하다. 문득 어머니가 돌아가시기 전 내 손에 꼭 쥐여주셨던 단주가 생각났다.

'어머. 그걸 어디에다 두었더라? 어딘가 있을 거야.'

막연히 생각만 하고 누워 있으려니 찜찜했다.

단주는 스물한 개 11mm 크기의 알로 만들어졌다. 짙은 갈색에 금가루를 섞어 만든 것같이 반짝거린다. 이음새에는 아주 작은 쇳조각으로 만든 보리수 잎 하나가 달려 있다. 1997년 내가 인도와 네팔 여행 중 부처님의 탄생지인 룸비니에서 사다 드린 것이다.

어머니는 독실한 불교 신자셨다. 내가 인도에 간다고 했을 때, 당신도 죽기 전에 가보았으면 원이 없겠다는 말씀을 자주 하셨다. 인도에 가는 나를 부러워하시는 어머니를 뒤로하고 떠나야 하는 내 마음도 무거웠다. 그때 어머니는 고희古稀를 막 넘기신 나이였다. 편찮지만 않았다면 모시고 가고 싶었다.

"애야, 룸비니에 가면 단주나 사다 주렴."

어머니는 가시고 싶은 마음을 염주에 담은 것 같았다. 나는 어머니께 꼭 사다 드리겠다고 약속하고 떠났다.

어머니는 여러 개의 단주와 염주를 갖고 계셨다. 그중에서 유독 룸비니 단주를 더 아끼셨다. 부처님 탄생지에서 사 왔다고 분신같이 생각하시는 것 같았다. 집에서는 물론 어디를 가도 손에서 놓지 않으셨다. 허리가 굽어 뼈만 남은 앙상한 등에 아버지와 자식들 건강까지 단주의 힘을 빌리셨다. 단주줄이 닳고 닳아 끊어지면 나는 안국동 불교용품 파는 곳에서 새 줄로 갈아 끼워드리곤 했다.

2014년 6월, 어머니가 돌아가시기 3주 전이었다. 떠날 날이 얼마 남지 않은 것을 알았는지 어머니는 손목에 있던 단주를 빼셨다.

"얘, 이거 잃어버리지 말고 잘 간직해."

어머니의 뼈만 남은 앙상한 손이 내 손안에 들어왔다. 저승까지 가지고 갈 거라고 늘 말씀하셨던 어머니는 사 남매 중 불교 신자였던 내게 주셨다. 훌훌 떠나는데 단주조차 무거워 이승에서의 모든 것을 놓고 가시려는 듯했다.

네팔 룸비니에 도착했을 때다. 잘못 찾아온 곳은 아닌지 눈을 의심했다. 그곳의 환경으로 보아 부처님이 태어나신 곳이라고 믿어지지 않았다. 콘크리트로 만든 조그만 연못 위에 종이로 만든 연꽃 몇 송이가 둥

둥 떠 있을 뿐이었다. 연못 한켠 보리수나무 밑에 조그만 부처상이 있었다. 그 앞에는 조그만 향료에서 향이 피어오르고 있었고, 향이 타고 떨어진 재가 향료 주변에 흐트러져 있었다. 한쪽 조그만 건물 안을 들여다보았다. 법당인 것처럼 보이는 방 안에는 방석이 군데군데 놓여 있었다. 방석이라고 하기에는 너무 낡았다. 짚으로 대충 뭉쳐진 방석에서는 누군가 방금 머물렀던 온기가 풍겼다. 부처님이 태어나신 유적지, 룸비니는 네팔 정부에서 관리를 소홀하게 하는 것 같아 속상했다. 순간 어머니와 내가 생각했던 룸비니가 맞나, 하는 생각이 들었다. 나는 상상 속에 있던 성스러운 룸비니를 간직한 채 여행을 마무리하고 싶었다.

나는 어머니가 주신 단주를 받아서 손목에 끼지 않고 잘 두었다. 왜냐하면 어머니를 간호하면서 불편한 점도 있었지만, 손에 반지나 팔찌하는 것을 좋아하지 않았기 때문이다. 그런 것도 모르시는 어머니는 하루에도 몇 번씩 물으셨다.

"얘, 너 단주 왜 손목에 안 하니?"

"엄마, 단주에 물 묻으면 안 되잖아요. 일 끝나면 할 거예요."

그때마다 나는 단주를 어머니 눈앞에 보여드렸다. 확인하신 어머니는 잃어버리지 말라는 당부도 잊지 않으셨다.

어머니가 작고하신 49재까지 나는 단주를 손목에 착용했다. 그때는 불편해도 참았다. 그 뒤로는 손목에서 빼어 어디에다 두었는지 까맣게 잊고 있었다. 아니, 내 기억에 어머니 단주가 내게 있다는 것조차도 모르고 지냈다. 불효막심한 일이다. 한두 달도 아니고 오랫동안 잊고 있었으니 말이다. 딸의 무관심이 못마땅해 꿈에 나타나 일깨워 주신 것 아닌가? 싶었다.

누워 있던 나는 침대에서 벌떡 일어났다. 불을 켜고 안방 화장대 서랍부터 뒤졌다. 중요한 것을 모아놓은 조그만 가방을 열었다. 다른 것은 다 있는데, 어머니가 주신 단주는 없었다.

'이상하다. 있으면 이곳에 분명 있을 텐데, 그럼 어디에다 두었지?'

가슴이 덜컹했다. 단주가 없다고 금방 큰일이 나는 것은 아니었지만, 어머니가 17년 동안 쓰셨던 단주다. 마음이 편치 않았다. 몸에 지니지는 않아도 찾아야만 했다. 서랍들을 빼서 샅샅이 보았다. 장롱 안에 걸린 옷을 다 꺼내 주머니마다 뒤져보아도 없다. 살면서 조금씩 정리한 옷과 가방에 휩쓸려 버려진 것이 아닌가? 잘 살피고 버려야 했는데 뒤늦은 후회가 밀려왔다. 그래도 어딘가 있을 것 같아 시간만 나면 여기저기 찾아보았다.

꿈을 꾸고 그럭저럭 열흘이 지난 저녁이었다. 자려고 침대에 누웠다. 평상시에는 신경도 쓰지 않던 장롱 위의 도자기가 눈에 들어왔다. 윗부분이 좁고 배가 불룩 나온 흰색 도자기다. 불佛이라고 쓰여 있고 둘레에는 반야심경이 작은 글씨로 적혀 있다. 어머니 유품을 정리할 때 내가 가지고 와 간직하고 있는 도자기였다.

'저곳에 있나? 설마.'

높고 손이 닿지 않는 곳에 둘 리가 없다고 생각했다. 하지만 눈과 마음이 그쪽으로 자꾸 쏠렸다. 가끔 도자기 겉의 먼지만 대충 닦았지, 속은 들여다보지 않았던 나였다. 확인하고 싶었다. 침대에서 벌떡 일어나 의자를 놓고 올라섰다.

도자기를 드는 순간 느낌이 왔다. 안에 무엇이 있는 것 같았다. 들여다보니 조그만 분홍색 염낭 주머니가 있었다. 꺼내서 조심스럽게 먼지를 털고 염낭 주머니를 열었다. 그곳에는 어머니가 쓰시던 백팔 염주와 룸비니 단주도 있었다. 찾았다는 것에 안심이 되어 눈물이 핑 돌았다. 마음이 가벼워졌다. 단주를 눈에 잘 띄는 곳에 두었다. 하루에도 몇 번씩 시간을 보는 탁상용 시계 옆이다.

　몇 시지? 단주와 눈이 마주친다.

　"잃어버릴라, 손목에 차거라."

　어머니는 다시 한번 다짐을 받듯 내게 말씀하신다.

봄을 기다리는 이유

나이가 드니 어머니께서 늘 하시던 말씀이 생각난다. "너도 늙어보렴." 그렇게 말씀하신 것이 마음에 와닿을 때가 많다. 우선 입맛부터가 다르다. 예전의 입맛이 아니다. 무엇을 먹어도 맛있게 먹히지 않는다. 시장에 가서 한 바퀴 돌았다. 냉이가 눈에 띄었다. 어머니가 끓여주셨던 냉잇국이 생각났다. 한 줌 샀다. 손질해서 맛있게 끓인다고 이것저것 넣고 끓였다. 어머니의 냉잇국 맛이 아니었다. 어머니는 냉잇국 끓일 때 많은 것을 넣지 않고 끓이셨어도 맛이 있었다. 나는 어머니의 손맛을 안 닮은 것 같다.

내가 어렸을 때 봄이 되면 보리밭과 시금치밭에 냉이와 달래가 많았다. 꽃다지, 명아주, 망초대 등 봄나물들이 많이 나왔다. 바구니와 호미를 들고 밖으로 달려갔다. 나물들이 여기저기서 기다리고 있었다. 신이 났다. 눈동자는 쉴 새 없이 움직였다. 하나를 캐면서 다른 곳을 보았다. 정신없이 밭고랑 사이를 넘나들면서 캤다. 시간이 얼마나 흘렀는지 어디쯤 와 있는지도 몰랐다. 뒤를 돌아다보면 집이 보이지 않았다.

봄에는 들녘이 나의 놀이터였다. 동생을 등에 업지 않았다. 날개 달린 듯이 뛰면서 보리밭 사이를 누볐다. 힘들 땐 보리밭에 누웠다. 하늘은 높고 푸르렀다. 갖가지 구름이 둥실 떠 있었다. 불어오는 바람도 상쾌했다. 한참 동안 구름을 보고 있으면 머리에 모자를 쓰고 예쁜 드레스를 입은 소녀도 만났다. 그 모습을 오래 보고 싶었다. 심술궂은 바람이 소녀를 토끼 모양으로 바꾸어놓기도 했다. 계속 다른 모습으로 바꾸어놓았다. 나무, 수염 달린 할아버지도 보았다. 그러다 훌훌 털고 일어났다. 나물을 캐어 바구니에 가득 담았다. 바구니 가까이 얼굴을 대고 냄새를 맡아본다. 흙냄새와 어우러진 나물들의 향이 마음속 깊은 곳으로 스며들었다. 냉이와 달래의 향은 유독 진했다. 제일 굵은 냉이 한 뿌리를 입에 넣고 씹었다. 코끝은 찡하고, 매콤함과 달콤함이 입안에 오래도록 남았다.

바구니에 나물을 가득 채우기도 전에 해가 서산으로 넘어갈 때는 아쉬웠다. 발길 돌리기가 싫었다. 더 캐고 싶은 욕심에 큰 바구니를 가지고 갔던 것을 후회하기도 했다. 갈 때는 캐는 재미에 힘든 줄 모르고 갔지만, 돌아올 때는 바구니의 무게가 다리를 아프게 했다. 바구니를 내려놓자마자 봄바람에 얼은 볼을 녹여보려고 어머니한테 갔다. 반찬 내음과 젖내음을 맡을 수 있는 어머니의 품이 좋았다. 그러나 그 자리는 대부분 동생들이 차지하고 있었다. 서운했다. 동생들이 얄미웠다. "많이 캤구나. 힘들지?" 하시면서 아궁이 앞에 앉게 하셨다. 솥에서 밥이 익어가는 냄새와 아궁이로부터 불어오는 온기가 졸음을 몰고 왔다. 비몽사몽 앉아서 졸았다.

"밥 먹자."

어머니가 부르셨다. 부엌 안이 냉잇국 향으로 가득했다. 입안에 침이 고이는 냄새였다. 냉잇국에 밥을 넣어 배가 불룩 나오도록 먹었다. 냉잇국 향은 내가 잠들기 전까지 맴돌았다.

다음 날, 이제 그만 가라고 하시는 어머니의 목소리를 뒤로하고 나는 들로 달렸다. 동생 업어주는 것도 싫었다. 그래서 봄이면 바구니와 호미를 택했다. 들녘에서 마음껏 뛰어놀 수 있어서 좋았다. 그때의 소중한 추억은 무엇과도 바꿀 수 없는 값진 것이었다.

지금도 봄이 오면 캐고 뜯는 것이 나의 연례행사가 되었다. 나이 먹고 늙는다는 생각은 안 하고 지금도 겨울이면 어서 봄이 오기를 기다린다.

남편의 마지막 선물

외출하려고 현관을 나설 때였다. 가방 속 휴대폰이 '드르륵' 울린다. 오전 9시 25분, 큰아들 목소리다.

"엄마, 인도로 해외 근무 가게 되었어요."

"어머, 잘 됐구나. 가족이 다 가니?"

"아니요. 집사람 직장도 그렇고, 아이 학교 문제가 있어 저만 가요."

"얼마 동안 있을 거냐?"

아들은 일 년이라며 엄마와 인도 배낭여행한 덕을 본 것 같다고 한다. 회사에서 인도를 가보았던 사람을 우선 뽑은 것 같단다. 아들은 외국어대학에서 힌디어를 6개월 수료한 후 떠난다고 한다.

"내 덕이랄 게 뭐 있니? 네 아버지 덕이지."

그렇다. 내가 아들과 인도 여행을 간다고 했을 때 남편의 허락이 있었다. 생각해 보면 남편과 고등학생이었던 남매에게 염치없는 짓을 한 것 같다. 하루 이틀도 아니고 45일 동안 집을 비웠으니. 지금 생각해도 쉬운 일은 아니었다.

아들과 인도 여행을 떠난 것은 1997년 12월이었다. 동네 시장 지하에 있는 조그만 서점에서 우연히 《인도 45일 여행》이라는 책을 발견한 것이 계기였다. 책은 작가가 인도 서쪽 중부에 있는 뭄바이에서 여행을 시작해서 인도 북부를 거쳐 네팔까지 다녀온 45일의 여정을 담고 있었다. 붓다가 태어난 룸비니와 열반에 들었던 쿠시나가르도 있었고, 갠지스강, 타지마할 등의 명소도 포함되어 있었다. 불교 신자였던 나는 책을 읽으며 붓다의 성지를 꼭 가보고 싶다고 생각했다. 군대 제대를 6개월 남긴 아들과 같이 가야겠다는 계획도 세웠다. 아들이 12월 초에 제대하면 그다음 해 봄, 복학하기까지 시간이 있었다. 쇠뿔도 단김에 빼란 말이 있듯이 남편 허락을 서둘러 받고 싶었다.

그렇게 한 달쯤을 보냈을까. 퇴근한 남편이 오후 8시쯤 집에 왔다. 옷을 갈아입더니 저녁밥을 독촉하며 신문을 펼쳤다. 나는 인도 여행책을 남편에게 건네주었다.

"웬 여행책? 나 읽어보라고?"

"아니, 큰애 제대해서 오면 인도 같이 갔다 오고 싶은데⋯⋯."

"둘이서 간다구? 며칠이나?"

"45일인데 작가가 다녀온 길만 따라 가면 될 것 같아."

"인도 여행⋯⋯. 위험할 텐데."

"작가가 썼는데 오후 5시 이후에 외출만 하지 않으면 된대."

남편은 말없이 책장을 넘겼다. 나는 슬그머니 방에서 나와 부엌으로 들어갔다. 남편 저녁상을 차리며 인도 여행할 생각에 마음이 설렜다. 나 혼자 가는 것도 아니고 아들과 같이 간다는데 허락해 주겠지. 달뜬 마음에 내 손은 조리대 위에서 두서없이 바쁘게 움직였다.

저녁을 먹는 남편 표정을 슬쩍 살폈다. 책에 대해서는 아무 말이 없다. 책이 어떠냐고 묻고 싶었지만 꾹 참았다. 저녁식사를 끝낸 남편은 텔레비전 앞에서 채널을 돌렸다. 조리대 앞에서 한껏 들떴던 기분이 한순간 사라져 힘이 빠져버렸다.

'뭐야, 가라든지 가지 말라든지 대답을 해야지. 내 말이 말 같지 않은가?'

아무 말도 하지 않는 남편이 마뜩잖았다. 하기야 나이가 50인 마누라가 인도 배낭여행을 가겠다고 나서면 어느 남편인들 선뜻 대답하겠나 싶다. 그래도 서운한 것은 어쩔 수 없었다.

사실 남편은 자기가 하고 싶은 일은 다 했다. 가족들과 여행은 못가도 사람들을 좋아해 기분 내키는 대로 한턱씩 척척 냈다. 골프도 쳤다. 은행에 근무하며 거절을 못 했던 남편은 친구 빚보증을 서서 나를 힘들게 했다. 그것 뿐인가? 술 마시고 한 달에 두 번씩 안경을 잃어버려 새로 한 일도 있었다. 그런 사람이 왜 내가 한다는 일에는 입을 닫고 있는지 이해가 되지 않았다. 나도 인도 갈 자격이 있는 사람이었다. 시댁 대소사 다 챙기고, 살림살이와 아이들도 소홀히 하지 않았다.

며칠이 지나도 남편은 인도 여행 이야기를 꺼내지 않았다. 나 혼자 좋다가 말았다. 이럴 줄 알았으면 아예 말하지 말았어야 했다. 하루 이틀 지내다 보니 인도 가고 싶었던 마음이 시들해졌다. 그래도 아쉬운 마음이 있어 책을 한 번씩 들춰보곤 했다.

두 달쯤 지나서였다. 늦은 점심을 먹으려고 식탁에 앉았는데 전화벨이 울렸다. 남편이었다.

"큰애 제대해서 오면 인도 여행 다녀와. 집 걱정 하지 말고."

너무 기다렸던 대답이라 그랬을까. 기분이 별로 좋지도 않았다. 기대했던 마음이 감감해진 후라서 그랬을 것이다. 남편은 나와 아들이 인도 가는 것이 걱정되어 알아보느라 대답이 늦었다고 했다. 물론 작가의 말을 믿지 않은 것은 아니었지만 그랬단다. 남편의 마음을 이해하지 못한 것은 아니었지만 허락을 받고 보니 걱정이 앞섰다. 나 없이 지낼 남은 세 식구가 마음에 걸렸다. 김장까지 다 해 놓았지만, 왠지 내가 너무 경솔하게 서두른 것 같아 조심스럽게 딸에게 물었다. 믿을 수 있는 것은 고등학교 2학년이었던 딸이었다.

"너, 엄마가 한 달 집 비워도 괜찮겠니?"

"그럼요, 우리도 방학이라서 괜찮으니 걱정하지 말고 다녀오세요."

딸은 한 달이 금방 지나갈 거라며 흔쾌히 대답했다.

1997년 12월 15일, 인도로 떠나는 날 잿빛 하늘에서는 눈이 펑펑 내렸다. 와이퍼가 차 앞 유리에 부딪히는 눈을 부지런히 쓸어내렸다. 한동안 말이 없던 남편이 아들과 내게 조심해서 잘 다녀오라는 말을 반복했다.

"힘들면 무리하지 말고 돌아와."

"네. 걱정하지 마세요."

아들이 대답한다.

김포공항 안은 텅 비어 있어 왠지 낯설었다. IMF 때문인 듯했다. 인도 가신다는 비구 스님 세 분과 우리뿐이었다. 남편은 내 배낭을 출국장 앞까지 들어다 주며 씩 웃었다. 남편에게 서운했던 마음이 사라지고 콧등이 시큰했다. 영영 헤어지는 것처럼 그랬다.

"얘, 그때 IMF도 왔었고, 아버지 허락이 없었으면 우리 못 갔어."

"그렇죠. 하지만 엄마는 아버지에게 그만한 것은 받을 자격이 있었어요."

전화 속 아들이 한마디 툭 던지고 웃었다. 그리고 다음 주에 들르겠다며 전화를 끊었다.

그때 공항에서의 일이 필름처럼 스쳤다. 두 손을 코트 주머니에 넣은 채 움츠리고 공항 문을 나가던 남편의 뒷모습이 눈에 선하다. 눈언저리가 축축해지며 무거워진다. 그랬던 남편은 3년 후 가을 갑자기 가족 곁을 떠났다.

인도 여행은 남편이 내게 준 마지막 선물이었다.

그 도장의 무게

    2023년 마지막 달력 한 장을 넘긴다. 그러고 보니 내가 혼자 살아온 지도 어언 23년이 되었다. 짧은 세월은 아니었지만, 그 세월이 눈 깜짝할 사이에 지난 것 같다. 생각해 보니 그동안 살며 좋았던 날도 있었지만, 삶이 버거웠던 날도 많았던 것 같다. 나는 그때마다 남편의 도장을 꺼내 보며 어려움을 이겨냈다. 이제 늙어서 철이 드는지 근래에는 자주 꺼내서 본다. 남편의 짐을 덜어주지 못한 아쉬움이 남아 있기 때문일까?

    도장은 기다란 검은색 가죽 주머니 안에 있다. 남편이 직장에서 쓰던 상아로 된 흰색 도장이다. 길이는 10cm, 지름은 1cm의 동그란 모양이다. 오른손 검지가 닿는 부분에는 앞쪽을 구별하는 홈이 파여 있다. 도장은 붉은색 인주로 물들어 주홍색으로 변했다. 얼마나 많이 사용했는지 이름이 새겨진 부분은 반질반질하다. 남편이 안고 살았던 무게가 느껴진다.

    남편은 은행원이었다. 30여 년 전만 해도 은행에는 돈을 세는 기계가 없었다. 모든 것이 수작업이었다. 돈을 부채처럼 펴서 세는가 하면 손으로 일일이 한 장씩 세기도 했다. 더하고 빼는 것은 주판을 이용했다. 입출금이 맞지 않는 날은 밤늦게 퇴근했다. 잔고가 맞지 않으면 전표에 도장 찍은 사람이 물어내야 했다. 월급에서 제했다. 아마 남편도 나 모르게 월급에서 대체해서 넣은 일도 있었을 것이다.

남편이 갑작스럽게 세상을 떠난 일주일 후였다. 오전 10시쯤 은행에서 전화가 왔다. 직원이 남편의 유품을 가지고 우리 집을 방문한다는 전화였다. 알았다고 대답은 했으나 남편과 같이 근무했던 직원을 본다는 것이 싫었다. 우편으로 부쳐달라고 할 걸 그랬나? 직원을 보고 남편 생각에 울먹이면 어쩌지 싶어 마음을 다부지게 다스렸다.

대문 벨이 울린 것은 오후 1시쯤이었다. 인터폰으로 직원임을 확인하고 이 층에서 내려와 대문을 열었다. 보통 키에 조금 마른 40대 초반쯤 된 남자 직원이었다. 밤색 양복에 군청색 넥타이를 맸다. 깔끔하게 차려입은 양복 왼쪽 깃에는 카네이션 모양의 은행 배지가 달려 있었다. 그날따라 카네이션이 크게 보였다. 배지를 보고 싶지 않아서 시선을 발아래로 옮겼다. 직원은 내 모습이 초췌해 보였는지 어찌할 줄을 모르고 말을 더듬었다.

"이거 지점장님 유품……."

직원은 말끝을 맺지 못하고 하얀색 서류봉투를 건넸다. 순간 봉투의 무게가 천근처럼 느껴져 봉투를 놓칠 뻔했다. 고맙다고 인사하자 직원이 고개를 숙이며 돌아섰다. 직원의 모습이 골목에서 사라지고 난 것을 확인하고 나는 그 자리에 쪼그리고 앉았다. 봉투 속에는 가족의 생계를 어깨 위에 짊어지고 일을 해야 했던 남편의 고달픔이 담겨 있었다. 플라스틱 명찰, 도장 세 개, 은행 마크인 조그만 카네이션 배지, 몇 가지 문구 등이었다. 나는 까만 가죽 속에 있던 도장만 보관했다. 남편이 중요하게 여겼던 도장이라는 느낌이 들었기 때문이다.

　남편은 과묵하고 자기 일에 성실했다. 남의 집이나 집안에 궂은일이 생기면 내 일 같이 발 벗고 나섰다. 권씨 집안에서 일이 있으면 친척들은 남편을 먼저 찾았다. 직장에서는 부하 직원을 내 가족같이 생각하고 챙겼다. 추석이나 설에 남편에게 들어오는 구두 티켓과 과일 세트, 설탕 등은 고향에 내려가는 부하 직원이나 일반 기능 직원에게 다 나누어주었다. 그랬다. 남편은 본인이 번 돈으로만 자식들을 키우고 싶다고 했다. 그런 성격 때문인지 은행에서 일어나는 사고에는 한 번도 휩쓸리지 않았다.

　남편이 청량리 지점에 근무할 때였다. 자세히는 모르지만 책임자로 있던 남편은 아니다 싶은 일에는 어떤 협박이 들어와도 도장을 찍지 않았다. 그런 일로 윗사람과 자주 부딪혀 불편해했다. 그러던 어느 날, 지점에 금융감독원에서 감사가 나왔다. 내가 알기로는 일곱 명의 책임자가 거의 감봉당하거나 은행을 떠나는 일이 있었다. 비록 마음고생은 많았지만 남편만 아무 일이 없었다.

　남편은 사람과 술을 좋아했다. 나는 남편의 월급 명세서에 찍힌 숫자의 금액을 그대로 받아 보기 힘들었다. 학교 친구들이나 친척 간에 어렵다고 사정하면 남편은 뿌리치지 못했다. 친척 학자금 대출을 해주고 갚지 않은 것을 남편은 월급에서 제했다. 그뿐인가? 친구들에게 신용대출을 해주고 받지 못하기도 했다. 자연히 내 입에서는 퉁퉁거리는 불만의 소리가 자주 나왔다. 그때마다 남편은 내게 입버릇처럼 "나와 사는 동안은 잘 먹고 잘산다는 생각은 버려야 해"라고 말했다. 그 말 한마디가 왜 그리 서운했는지. 나 혼자 잘 먹고 잘살려고 했던 것이 아니었는데. 그런 남편이 때로는 못마땅해 속을 끓였다. 그렇다고 자식을 굶기고 가르치지 못한 것은 아니었다. 다만, 삼 남매를 돌보고 가르치는 데 내 삶이 빠듯했을 뿐이었다.

 남편의 도장을 들여다보며 곱씹어본다. 이러니저러니 해도 남편 덕에 우리 가족이 오늘날 잘살고 있는 것 아닌가 싶다. 나는 인주 대신에 루주를 도장에 묻혀 하얀 종이 위에 꾹 눌러 찍었다. 그 위로 남편의 한마디가 스친다.

 "나와 살면서 잘 먹고 잘산다는 생각은 버려야 해."

큰아들의 배냇저고리

　몇 년 전부터 쓰던 물건을 조금씩 정리하고 있다. 그런 내 얘길 듣고 지인들은 뭘 벌써 하느냐며 펄쩍 뛴다. 하지만 아직도 버릴 것이 많다. 요즈음은 100세 시대라 칠십 중반이면 청춘이라고 한다. 남들이 그러든 말든 내 성격 탓인지 버리고 나면 마음이 홀가분해져서 좋다. 그렇게 정리할 때면 장롱 깊숙이 간직해 온 배냇저고리를 한 번씩 꺼내 본다. 이제는 버릴 때도 되었건만 버리지 못하고 있다. 친정어머니의 말 한마디를 믿었기 때문에 50년 가까운 긴 세월을 지니고 있다.
　며칠 전, 옷 정리를 하던 중 배냇저고리를 꺼냈다. 흰색 융으로 만들어진 옷은 누르스름하게 변해 있다. 하지만 촉감은 여전히 부드러웠다. 목의 깃과 앞섶 부분의 솔기는 가는 분홍색 천으로 박음질이 되어 있다. 양쪽으로는 아들이 팔을 넣고 휘저었던 넓은 소매가 있다. 소매 길이는 내 손으로 한 뼘이고, 저고리 기장은 한 뼘 반이다. 앞섶에는 두 개의 가는 끈이 달려 있어 입히고 벗기기 편하게 만들어졌다. 배냇저고리 위로 아들이 태어났던 날이 필름처럼 지나갔다.

나뭇잎이 곱게 물들던 가을이었다. 예정일이 일주일이 지난 밤이었다. 잠결에 아랫배가 아파 눈을 떴다. 자정이 지난 12시 10분이다. 그 시간부터 진통이 시작되었다. 눈 좀 붙일만하면 배가 아팠다. 진통 간격은 30분에서 20분으로 점차 당겨졌다. 15분마다 진통이 왔을 때, 곤하게 자는 남편을 흔들어 깨웠다. 남편은 종이 위에 진통 시간을 적어가며 내 상태를 지켜보았다. 진통이 오지 않을 때 나는 보자기에 짐을 꾸렸다. 병원에서 퇴원할 때 아기에게 입힐 배냇저고리 한 벌, 아기의 발을 따뜻하게 할 양말, 소변을 볼 기저귀, 아기를 싸서 안고 올 밍크 담요 등이었다.

아침 7시가 되었을 무렵에는 15분씩 오던 진통은 10분마다 왔다. 나는 조그만 보따리를 가슴에 안고 남편의 팔에 내 몸을 의지하고 집을 나섰다. 소슬한 바람이 불 때마다 가로수의 노란 은행잎이 내 머리 위로 떨어졌다. 길 위에는 밤새 떨어진 단풍잎이 양탄자처럼 깔려 있었다.

병원은 서대문구 응암동에 위치한 서부병원이었다. 집에서 도보로 20분 거리에 있었지만, 그날따라 아주 멀게만 느껴졌다. 걸으며 진통이 올 때마다 보따리를 꼭 껴안고 멈춰 섰다가 걷기를 반복했다. 그렇게 걸어 병원에 도착한 시간은 오전 7시 40분쯤이었다. 거의 하루를 진통 속에 보냈던 나는 오후 8시 20분에 아들을 낳았다. 하룻밤을 병원에서 지내고 다음 날 10시쯤 퇴원했다.

아들은 가지고 갔던 배냇저고리를 입고 기저귀를 찼다. 갈색곰 무늬가 있는 밍크 담요에 싸여 외할머니 품에 안겼다. 손자를 안은 어머니는 배냇저고리를 입혀 놓으니 훤하다며 얼굴에 미소를 감추지 못했다.

"얘, 첫애 배냇저고리를 갖고 있으면 자식들이 무탈하니 버리지 마라."

 나는 그런 말이 어디 있느냐며 귀담아듣지 않았다. 어머니는 내가 듣지 않을 것 같은지 옛말이 땅에 떨어지는 일은 없다며 몇 번을 말씀하셨다. 옛날 어른들 말씀이 옳다는 말이었다.

 큰아들이 입었던 배냇저고리를 나는 두 번째로 태어난 딸에게도 입혔다. 그러다 보니 저고리가 많이 낡아서 버리려고 했다. 그런데 어머니의 말씀이 따라와 귀에 스쳤다. 그래, 자식들에게 좋다니 간직해 볼까? 그렇게 생각한 나는 배냇저고리 다섯 벌 중 한 벌을 잘 개어 장롱 깊숙한 곳에 보관했다. 그리고 기회가 있을 때마다 꺼내보며 자식들이 건강한 삶을 살았으면 하는 내 마음을 꼭꼭 채워 넣곤 했다.

 조금 누렇게 변한 배냇저고리를 비누에 삶아 말렸다. 뽀얗게 마른 흰 저고리가 깔끔하다. 두 손으로 옷을 반듯하게 펴는 내 손끝에 아들의 보드라운 피부가 와닿는 것 같다. 배냇저고리 사진을 찍어 큰아들에게 보냈다.

 전화벨이 울린다. 큰아들 전화다.

 "엄마. 이 옷 뭐예요?"

 아들은 뜬금없이 보낸 사진을 보고 묻는다.

 "네가 태어나 처음으로 입었던 배냇저고리야."

 "예? 제가 입었던 옷이라고요?"

 "그래."

 "그럼 50년이 된 거네요? 왜, 그걸 지금까지 갖고 계셨대요?"

 "너 태어났을 때 외할머니가 첫애 배냇저고리를 가지고 있으면 자식들에게 좋다고 하셨어."

"그럼, 제가 무탈했던 것이 배냇저고리 덕분이었네요."

아들은 내게 고맙다는 말도 잊지 않았다. 그리고 50년 된 배냇저고리를 박물관에 기증하면 어떠냐고 너스레를 떤다.

나는 배냇저고리를 접어 다시 장롱 속에 넣으며 중얼거렸다.

"누가 금덩어리와 바꾸자고 해도 바꾸고 싶지 않아."

다시 떠나는 여행

휴대폰이 울린다. 큰아들 목소리다. 일하다 문득 엄마가 궁금해서 전화했단다. 전화기 속의 아들은 온통 엄마 걱정이다. 귀찮아도 마스크를 써야 하고, 30분이라도 햇볕을 받고 걸어야 한다는 등 주의 사항이 많다. 그 말끝에 아들은 코로나19로 무료함을 달래려면 여행을 해보라고 한다. 이 난리에 무슨 여행이냐며 반문했다.

"엄마, 이건 제 생각인데요. 세계지도를 그려놓고, 그동안 여행했던 곳을 표기해 보세요."

아들은 그렇게 하면 분명 다시 여행하는 느낌이 들 것이라고 한다. 다음에 엄마 집 가면 그린 것을 꼭 보여달라는 말도 잊지 않았다. 나는 알았다고 대답했다. 전화를 끊고 아들이 했던 말을 곱씹어보았다. 지금까지 생각하지 못했던 좋은 의견이었다. 나는 책상 위에 모조지를 반듯하게 폈다. 물론 연필과 지우개도 준비했다.

사실 난 세계지도 그리는 것에 자신 있다. 지도를 보지 않고도 그릴 수 있다. 나라 위치는 물론 국경선도 훤하다. 이렇게 되기까지는 60여

년 전 중학교 3학년 때 지리 선생님 덕분이다. 그때 지리 시간은 일주일에 3시간 있었다. 정확하지는 않지만 월요일, 수요일, 금요일에 각각 한 시간씩 수업이 있었던 것 같다. 수업도 재미있었지만, 지리 선생님이 더 좋았던 나는 열심히 공부했다. 먼 훗날 선생님같이 멋지고 존경받는 사람이 되고 싶어서였다. 아마 세계를 품으려는 꿈은 그때부터 싹트기 시작한 것 같다.

선생님은 176cm 키에 서른두 살쯤이었다. 스포츠머리가 잘 어울렸고 나이보다 젊어 보였다. 눈이 부리부리하게 크고, 눈썹이 짙어 멀리서 보아도 금세 눈에 띄었다. 워낙 모든 면에 해박해서 만물박사라는 이름이 늘 붙어 다녔다. 그래서인지 중고등학교 선생님들 중에서 여학생들 사이에 인기가 가장 많았다. 그런 선생님에게 이변異變이 일어났는데 다른 반이 아닌 중학교 3학년 6반인 우리 반에서였다.

날씨가 약간 더울 때였으니 5월 말 아니면 6월 무렵이었을 것이다. 5교시 시작 벨이 울렸다. 지리 시간, 선생님이 출석부를 옆에 끼고 교실 문을 들어섰다. 학생들 이름을 불러 출석 체크를 마친 선생님은 칠판 위에 세계지도를 그렸다. 수업이 시작되기 전에 늘 하던 모습이다. 내 눈동자는 선생님의 손을 따라 움직였다. 완전 예술이었다. 매번 그려도 크기와 모양이 같았다. '물론 지리 선생님이니까 잘 그리겠지.' 속으로 생각하면서도 많이 닮고 싶었다. 선생님이 지도를 그리고 돌아서서 숙제 노트를 책상 위에 펴 놓으라고 했다.

그때였다.

"선생님, 눈 감고도 지도 그리실 수 있어요?"

앞자리에 앉은 Y가 당돌하게 말했다. 여기저기서 반 아이들이 킥킥

대고 웃었다. 선생님은 못 들은 척하고 숙제 검사를 하려고 교탁에서 내려섰다. 순간 누군지는 모르지만 발을 통탕거렸다. 우리 반 아이들은 눈 깜짝할 사이에 발을 구르며 함성을 질렀다. 선생님 실력을 보여달라는 신호였다. 나도 덩달아 굴렀다. 좀처럼 분위기가 가라앉지 않을 것 같았다. 선생님은 아우성 속에서 분필을 만지작거리며 망설였다. 1분 정도 지났을까. 선생님은 결심한 듯 칠판 위에 방금 그렸던 지도를 지웠다. 그리고 주머니에서 손수건을 꺼내 눈을 가렸다.

교실 안은 물을 끼얹은 듯 조용했다. 69명의 학생들 눈동자는 선생님이 잡은 하얀색 분필을 응시했다. 하지만 나는 두 손을 꼭 잡고 눈을 감았다. 내가 좋아하는 선생님이 실수라도 하면 어쩌나 싶어서였다. 2분이 조금 지났을 때, 교실에서 감탄사가 흘러나왔다. 나는 눈을 떴다.

선생님이 그린 세계 지도는 완벽했다. 다른 사람들은 눈을 뜨고 그려도 못 그리는 것을……. 그것도 칠판이 꽉 차게 그려져 있었다.

'와, 어떻게 이럴 수가 있지?'

마치 선생님이 신처럼 느껴졌다. 5교시가 끝나자 학생들은 고함을 질렀다. 함성을 뒤로하고 선생님은 교실을 빠져나갔다. 한참 동안 교실 안은 선생님 이야기로 술렁거렸다. 소문은 삽시간에 전교로 퍼졌다. 그 후 선생님은 각 반에서 눈을 가리고 지도를 그리는 수모를 겪은 것으로 알고 있다.

지리 숙제는 늘 세계지도 그리기였다. 반복해서 내주는 숙제를 지겹다고 통퉁거리는 학생들도 있었다. 하지만 나는 한 번도 가보지 못한 나라를 알아가는 것이 재미있었다. 지도 안에는 나라 이름, 국경, 수도, 강, 산맥, 종교, 특산물 등을 그려 넣었다. 선생님은 무엇이든지 연습이 중요하다고 강조했다. 먼 훗날 세계화가 되면 우리에게 많은 도움이 될 것이라는 말도 잊지 않았다. 언제 어디를 가더라도 그 나라가 어디에 있는지 알고 가는 것과 모르고 가는 것은 천지 차이라고 했다. 나는 틈만 나면 연습장에 세계지도를 그리고, 익혔다. 편평한 땅만 보여도 막대기로 지도를 그렸다. 정말 그랬다. 비록 선생님같이 훌륭한 사람이 되지는 못했지만, 그렇게 한 것이 지금의 나를 만든 것 같다.

  돋보기를 깨끗이 닦아 쓴다. 하얀 종이 위에 연필로 선을 이어 나간다. 학창 시절 선생님이 칠판 위에 그리던 자취를 따라간다. 시작은 우리나라와 북간도 사이에 있는 두만강이다. 천천히 기억을 더듬으며 백두산, 압록강을 그린다. 2005년에 내 두 발로 올라섰던 백두산 천지에 빨간 점을 찍고 감격했던 일이 떠오른다. 압록강을 따라 내려오면 남서쪽에 타이완이 있다. 타이완을 동그랗게 그린다. 1990년 여고 동창생 열두 명과 깔깔대고 웃으며 여행했던 생각이 난다. 중국 밑에 위치한 홍콩을 거쳐 지나가면 베트남이다. 2020년 1월 모터사이클을 타고 배낭여행을 같이했던 손자가 지도 위에 환하게 웃고 있다. 다시 떠나는 여행에 작은 설렘이 파도처럼 밀려온다.

삼다수 120병

여행 마지막 날, 사위와 인도 음식점에 갔다. 찾아갔는데 멋진 곳이었다. 들어서는 순간 인도의 고급 음식점을 옮겨놓은 듯했다. 장식된 모든 것이 고풍스러워 보였다.

종업원들도 다 인도 사람들이었다. 뜻밖이었다. 사위는 오래전에 내가 인도 배낭여행한 것을 알고 있었다. 인도 음식을 먹고 싶을 것이라고 생각했던 것이다.

오랜만에 먹어보는 인도 음식이었다. 난과 달, 커리의 독특한 맛이 인도를 생각나게 했다. 그곳에서 사위의 마음을 읽을 수 있었다.

20년 전 가을, 딸 가족과 체코 여행을 갔다. 사위는 독일 사람이다. 일을 하기 전에 냉정하게 판단한다. 너무 지나칠 때는 옆 사람을 피곤하게도 한다.

가로등이 켜지기 시작했다. 건물에 불이 하나씩 들어왔다. 사위는 가격이 싼 캠프장을 찾아다녔다. 나는 시내 가까운 곳에 캠핑카를 두었으면 했다. 사위가 싼 곳을 찾아 돌아다니면 돌아다닐수록 사위가 하는 일을 이해할 수 없어 마음이 불편했다. 시내에서 멀수록 가격은 저렴하다고 하며 가격을 물어본 후 더 먼 곳으로 계속 이동했다. 다섯 번째로 들어가서 묻고 나왔다. 그곳은 이미 시내로부터 멀리 떨어져 있었다.

저녁을 먹어야 했다. 한참을 걸어도 식당이 보이지 않았다. 배가 고팠다. 유모차에 탄 손자도 배가 고픈지 울었다. 달래도 계속 울었다. 20분 동안을 걸었다. 어두워 안 보였겠지만 내 표정은 이미 일그러져 있었다. 속상해서 더 이상 여행을 못하겠다고 말하고 싶었다. 하지만 딸 가족들과 처음으로 같이 온 여행이었다. 딸을 생각해 꾹 참았다. 같이 여행 온 것을 후회했다

나는 발길 닿는 대로 들어가 먹고 싶었다. 하지만 사위는 식당으로 쉽게 들어가지 않았다. 사위가 식당 앞 메뉴판을 봤다. 나는 기다렸다. 메뉴판을 본 사위는 다른 곳으로 갔다. 피곤하고 화가 났다. 딸이 유모차를 끌고 힘들게 따라온다. 유모차를 달라고 했으나 딸은 괜찮다고 했다. 나는 식당이 정해질 때까지 따라다니지 말고 한곳에서 기다리라고 했다. 하지만 딸은 유모차를 끌고 계속 따라왔다. 사위는 쉽게 식당 안으로 들어갈 것 같지 않았다. 그 모습을 보고 있자니 울화가 치밀었다. 얼마나 비싸면 저렇게 해야 하나 싶었다. 마음에 들지 않았다. 딸을 생각하니 기가 막혔다. 장모 체코 구경시켜 준다고 와서 이게 뭐람? 식구들이 배가 고프든 말든 신경을 쓰지 않는 것 같았다.

사위는 몇 군데 식당을 더 둘러본 후에야 식당으로 들어갔다. 다른 식당보다 가격이 싼 것에 사위는 흡족해했다. 미안해하는 표정도 없었다. 이럴 수가. 당연하다는 태도에 마음이 상했다. 아들 같았으면 한마디 해주고 싶었다. 딸이 시집 잘못 갔다는 생각이 들었다. 저런 지독한 녀

석과 살 딸을 생각하니 속았다는 생각이 들었다. 아이가 있으니 한국으로 가자고 할 수도 없었다. 하지만 장모 체코 구경시켜 준다고 420km를 운전한 사위였다. 꾹 참고 불편한 마음을 접어야만 했다.

음식이 나왔다. 타이 음식 '팟시유누아'였다. 야채와 고기, 밥을 넣고 볶은 요리 위에 코코넛 소스를 얹은 매콤한 음식이었다. 화가 난 상태로 저녁을 먹었다. 코로 들어갔는지 입으로 들어갔는지도 몰랐다. 피곤하여 움직이기 싫었다. 캠핑카를 세워둔 곳까지 다시 20분을 걸어야 한다. 딸의 뒷모습이 그날따라 힘들어 보였다. 뒤따라가며 길게 한숨을 쉬었다.

하늘의 별들이 많이 나와 있었다. 한국에선 보기 힘든 밤하늘이었다. 손자를 태운 유모차 바퀴 소리가 유난히 크게 들렸다. 프라하의 밤은 깊어 갔다.

다음 날, 아침을 든든히 먹었다. 그날도 예외는 아닐 거라 생각했다. 아니나 다를까 사위는 점심 때가 되면 트램을 타고 시내를 벗어났다. 따라다니는 것도 힘들었다. 걷다가 간단하게 먹기를 원했다. 그러나 사위는 그렇게 하지 않았다.

어느 날 점심은 내가 산다고 했다. 멋지고 분위기가 좋은 시내 고급 레스토랑이 가고 싶었다.

"어디를 가면 좋을까?"

분명히 내가 점심 산다고 했는데 사위는 이미 트램 정거장으로 가고 있었다. 이유는 시내 식당은 터무니없이 비싸다는 것이다. 같은 음식이라도 시내에서 멀리 떨어질수록 저렴한 가격에 먹을 수 있다고 한다. 장모가 쓰는 돈도 자기 돈같이 아꼈다. 내 돈 쓰면서도 인내가 필요했다. 사위와 다니는 것은 도를 닦는 일이었다. 내 돈 가지고 마음대로 쓰지 못해 짜증도 났다.

"내가 저 녀석과 여행을 같이하면 성을 바꾸리라."

그때 그런 결심을 했던 것 같다. 그러나 시간이 갈수록 사위가 했던 일을 이해하게 되었다. 사위의 마음을 조금씩 알아갔다. 나는 사위를 성급하게 판단했었다. 긴 시간은 아니었지만 서로를 알게 된 여행이었다. 여행하는 동안 알게 모르게 많이 배웠다. 사위와 서먹했던 것도 차츰 없어졌다.

2016년 5월, 사위와 티베트 여행도 다녀왔다.

올 여름 딸 식구가 다녀갔다. 사위는 물이 무거워 사기 힘들다며 삼다수 2리터짜리 120병을 사 놓고 갔다. 물을 마신다. 물 속에 사위 마음이 꽉 차 있다.

손님 오니 빨래 걷어요

 휴대폰을 열어보니 독일에 사는 딸이 보낸 문자가 있었다.
 "내일 비염 수술하러 가요. 간단한 수술이니 걱정하지 마세요."
 병원에 다녀온다는 딸은 사흘이 지났는데도 소식이 없다. 비염 수술은 잘 받았나? 수술 후 불편해서 누워 있는 걸까? 전화하고 싶어도 꾹 참고 기다렸다. 순간 머릿속에 늘 자리 잡고 있던 생각이 다시 비집고 나온다. 반지하에서 살았던 때의 일이다.
 1973년 결혼한 나는 서대문구 응암동에서 살림을 차렸다. 다섯 평 남짓한 단칸방이었다. 부엌에 수도가 없어 주인집 화장실에서 호수를 연결해 물을 받아놓고 썼다. 불편했지만 그런대로 큰아이도 낳고 1년 8개월 동안 살았다. 하지만 둘째를 임신하자 물 때문에 불편할 것 같았다. 그래서 급히 이사했다.
 내가 얻은 방은 전세 70만 원의 반지하였다. 응암동 직결재판소 옆 빨간 기와집이었다. 지하방에는 마당 쪽으로 알루미늄으로 테를 한 창문이 있었다. 가로 세로가 1m 되는 유리 창문 두 짝이었다. 하지만 주인집 베란다에 가려져 햇빛이 거의 들지 않았다. 아침나절 30분쯤 드는 볕이 전부였다. 방이 어두워 밤이나 낮이나 전깃불을 켜놓고 살았다. 아이들과 지내다 보면 밖에 바람이 부는지 비가 오는지도 몰랐다.

창문 밑으로는 늘 습기가 찼다. 벽지와 장판에 시커멓게 곰팡이가 생겼다. 방에 곰팡내가 나서 힘들다 해도 주인여자는 고쳐줄 생각을 하지 않았다. 옛말에 목마른 사람이 우물 판다고 나는 곰팡이 핀 곳을 닦고 뜯어내어 새 종이를 발랐다. 그때뿐이었다. 밖에 나갔다 돌아와 방문을 열면 퀴퀴한 곰팡내가 코끝을 자극했다. 환기해도 그때뿐이었다. 물 쓰기 편하고 방이 먼저 살던 곳보다 조금 넓다는 것만 보고 얻은 것을 후회해도 이미 늦었다.

주인여자는 43세였고, 열한 살 된 딸이 있었다. 네 식구였던 우리 집 빨래는 주인집보다 빨랫줄을 많이 차지했다. 기저귀만 걸어도 마당은 훤했다. 주인여자는 내가 기저귀를 걸은 한쪽 편에 빨래를 널었다. 마당에 빨래 너는 것이 싫었는지 툭하면 손님 온다고 빨래를 걷으라고 했다. 손님이라고 해야 이웃집 여자들 아니면 주인아저씨 손님이었다.

딸이 태어난 지 한 달쯤 되었을 때다. 얼굴과 온몸에 벌겋게 좁쌀 같은 것이 돋아났다. 병원에 가보았지만, 의사는 태열기가 있어 그렇다고 했다. 그것 때문에 가려워서 불편했는지 밤이면 울고 보챘다. 딸은 새벽 3시가 돼서야 잠이 들곤 했다. 방 한쪽에는 간밤에 젖은 옷과 기저귀가 수북하게 쌓여 있었다. 그 틈에 나도 눈을 붙였다. 얼마쯤 지났을까? 눈을 떴다. 시곗바늘은 오전 여섯 시를 가리키고 있었다. 기저귀를 안고 방을 나갔다. 부엌에 있는 수도를 틀고 부지런히 빨아서 커다란 대야에 담아놓았다. 8시에 출근하는 주인아저씨의 투박한 구둣발 소리가 멀어질 때를 기다렸가 마당으로 급히 나갔다.

마당에는 6m 되는 빨랫줄이 세 개나 있었다. 하지만 언제 걷으라고 할지 몰라 빨리 널어야 한다는 마음이 손보다 급했다. 기저귀 너는 일은 만만치 않았다. 일일이 기다란 천을 털어서 반듯하게 널어야 개기도 좋다. 나는 주인이 사용할 빨랫줄 하나를 늘 남기고 널었다. 대문에서 집으로 드나드는 공간도 넉넉하게 비워두었다.

그렇게 빨래를 널고 들어와 좀 쉬려고 누웠는데 주인여자가 창문을 탕탕 두드렸다. 퉁명스러운 목소리다. 잠을 자던 딸이 놀라서 울기 시작했다.

"손님 오니까 빨래 걷어요."

시계를 보니 오전 10시다. 우는 딸을 두고 부리나케 마당으로 나갔다. 아침에 널어놓은 빨래는 아직 축축했다. 걷어서 왼쪽 팔에 놓았다. 묵직했다. 길이가 길었던 기저귀는 걷는 것도 힘들었다. 나는 지하실 한쪽 편에 맨 4m 되는 빨랫줄에 옷과 기저귀를 포개 널었다.

45년 전만 해도 기저귀는 하얀 소창천으로 만들어 썼다. 길이가 보통 1m 20cm에 폭은 35cm다. 길어서 빨기도 힘들었고, 반듯하게 개는 것도 일이었다. 게다가 둘째들은 언니나 오빠가 찼던 기저귀도 내림으로 썼다. 나도 예외는 아니었다. 큰애가 쓰던 기저귀를 딸에게 채웠다. 그러다 보니 조금 해진 것도 있었다. 눈치를 챈 나는 조금 해진 기저귀는 아예 내다 널지 않았다.

가끔은 마음 놓고 빨래를 널었던 날도 있었다. 불교 신자였던 주인여자는 음력 초하루, 보름, 절에 행사가 있을 때는 집을 비웠다. 그날은 내가 널어둔 빨래도 줄에서 바람에 춤을 추었다. 보송하게 마른 옷을 딸에게 입히면 잠도 잘 자는 것 같았다. 하지만 주인여자가 외출하는 날은 드물었다.

이사를 가려고 했지만 2년 기한이 되지 않아 마음대로 하라고 했다. 툭하면 빨래 걷으라고 지하실 창문을 탕탕 치는 소리에 없던 병도 생길 것 같았다. 내 돈 주고 살면서도 지하실 좁은 공간에서 자존심이 무너져 내렸다. 주인여자와 마주치는 것이 점점 불편했다. 결국 어느 날부터는 빨래를 내다 널지 않았다. 지하실이나 방에서 말렸다. 마른 기저귀가 없을 때는 급히 다리미로 말렸다. 딸을 출산하고 10개월을 그 집에서 살았다.

휴대폰을 열고 딸 이름에 통화 버튼을 누른다. 신호는 가는데 받지 않는다. 이미 지난 일인데도 딸만 생각하면 늘 짠하고 안타깝다. 쾌적한 환경에서 태어나지 못해 지금까지 알레르기로 고생한다는 죄책감이 들어서다. 돌이킬 수 없는 나의 불찰이라는 생각이 든다. 30분 지난 뒤에 다시 통화 버튼을 눌렀다. 딸 목소리가 들렸다. 수술했다고 해도 여전히 코가 막힌 소리다. 딸이 들을까 봐 나는 땅이 꺼지는 숨소리를 죽인다.

"좀 어떠니? 에구, 엄마가 미안하네."

"엄마, 그런 게 어디 있어. 내가 그렇게 태어난 거지."

딸은 어쩔 수 없다는 듯 태연하게 말한다. 그랬다. 그 집에서 살지 말아야 했다. 그 집에서 살아서 그런 것 같다. 좀 더 빨리 그 집에서 벗어났다면 딸이 고생하지 않았을지도 모른다. 나 자신이 야속하기만 하다. 가능하다면 지금이라도 딸의 불편한 것을 다 떠안고 싶다.

여름 동치미

"엄마, 우리 동치미 한번 담가 먹어요."
"여름에 무슨 동치미냐. 요즈음 무는 맛이 없어. 가을무로 담가야 제맛이지."

오랜만에 한국에 온 딸은 점심때 음식점에서 동치미를 두 그릇이나 먹었단다. 외할머니 동치미 맛과는 비교가 되지 않았지만 한번 담가보자고 너스레를 떤다. 나는 선뜻 대답하지 않았다. 왜냐하면 동치미 담그는 것과는 담을 쌓은 지 오래되었기 때문이다. 해마다 어머니가 시키는 대로 해도 맛이 없어서였다.

사실 어머니는 김장철이면 10여 호가 사는 마을 동치미를 담가주러 다니시기 바빴다. 그렇게 담은 어머니 동치미는 어느 집이든 맛이 같았다. 어머니의 동치미는 좀 특별했다. 우선 국물부터 뽀얗다. 보기만 해도 군침이 돌고, 무를 씹으면 아삭거리며 사이다처럼 '톡' 쏘는 맛이 시원했다. 짜지도 싱겁지도 않아 맨입에 먹어도 정말 맛이 좋았다. 나는 자신이 없었지만, 동치미를 잘 담아 딸이 먹는 모습이 보고 싶었다. 어렸을 때 겨울밤에 어머니가 담그신 동치미를 먹었던 그 맛처럼 말이다.

비봉초등학교화성시 6학년 12살 때였다. 아버지가 선생님이어서 적산가옥인 사택에 살았다. 집은 일자집이었고 지붕은 양철인지 기와였는지 생각나지 않는다. 앞면이 모두 유리 창문이었다. 집 중간에 있는 현관을 열고 들어서면 넓고 긴 마루가 있고, 가운데 부엌을 두고 양쪽으로 안방과 건넌방이 있었다. 우물은 부엌 뒤에 있었다.

저녁을 먹으면 나는 동생들과 이불 위에서 뒹굴고 놀았다. 그렇게 한참 웃고 떠들다 보면 배가 출출해졌다. 요즈음에야 주전부리할 것이 많지만 그때는 하루 세 끼 먹는 것이 전부였다. 나는 가끔 항아리에서 동치미 무를 꺼내다 먹었다.

어느 달 밝은 밤이었다. 달이 밝으면 컴컴하지 않아 동치미 무 꺼내오기가 쉬웠다. 그 대신 어머니에게 들키지 않게 주의해야 한다. 왜냐하면 어머니는 밤에 동치미 무 먹는 것을 꺼리셨기 때문이다. 무를 먹고 물을 들이킨 동생들이 요에다 오줌을 질펀하게 싸 어머니를 속상하게 해서다. 하지만 나는 무 꺼내러 갈 사람을 정하자며 동생들과 가위, 바위, 보를 했다. 나보다 두 살 어린 열 살 남동생, 여덟 살 여동생, 여섯 살 남동생이었다. 그렇게 해도 안전하게 가져올 사람은 나밖에 없었다. 나는 부엌 찬장 서랍에서 놋젓가락을 꺼내 동치미 항아리 쪽으로 조심스럽게 다가갔다.

동치미 항아리는 안방이 있는 마루 끝, 구석진 곳에 있었다. 어머니는 회색빛 헌 담요로 항아리가 얼지 않도록 둘러싸 놓으셨다. 항아리는 배가 부르지 않은 말뚝항아리였고, 내 가슴 높이였다. 항아리 뚜껑을 열었다. 표면에 살얼음이 얼어 있다. 위에는 쪽파와 고추 삭힌 것이 동동 떠 있다. 뽀얗고 통통한 동치미 무가 몸을 반만 내놓고 있다. 가끔 했던 짓이기에 내 손은 무 찍는 데 능숙해져 있었다. 젓가락으로 슬슬 저어 어른 주먹보다 조금 큰 무 하나를 찍어 올렸다. 동치미 국물이 떨어졌다. 나는 혀를 길게 빼고 한 번 핥았다.

방에 들어선 나는 이불을 뒤집어쓰고 나부터 크게 한입을 꽉 깨물었다. 몰래 먹는 동치미 맛은 더 맛있었다. 씹을 때마다 나오는 무즙이 시원하고 혀를 '톡' 쏘았다. 동생들도 이불 속으로 달려들어 돌아가며 한 입씩 깨물었다. 그렇게 다 먹고 나니 턱이 떨렸다. 동생들도 춥다고 도리질하며 두 손을 모아 가슴에 댔다. 나는 요를 걷고 방바닥에 등을 대고 누웠다. 초저녁에 뜨겁던 방구들이 식어 미지근하다. 다시 이불 속으로 파고들어 몸을 움츠리고 추운 몸을 녹이며 잠이 들었다. 그렇게 어머니의 동치미를 먹었던 기억은 지금도 내 머릿속에 생생하다.

시장에서 동치미 재료들을 사서 손수레에 담았다. 무, 쪽파, 대파, 생강, 배 등이다. 맛있게 담가봐야겠다는 의욕이 앞을 섰다. 부지런히 걷는 나를 보고 딸이 천천히 가자고 한다.

"얘, 맛있게 담가야 하는데."

"엄마, 나하고 인터넷 보면서 같이 담가보면 어떨까?"

딸 말이 맞았다. 요즈음은 인터넷을 찾아 담가도 맛있다고 지인들이 한 말이 생각났다.

집에 도착한 나는 인터넷을 꼼꼼히 들여다보았다. 딸은 내 옆에서 파를 다듬고 생강과 마늘을 벗기고 있다. 나는 깨끗이 씻은 무를 조금 베어 먹어보았다. 겨울 무보다 매운맛도 더 나고 단맛은 적었다. 겨울 동치미 맛도 못 냈던 내가 여름 동치미에 도전장을 낸 것이다.

무를 손가락 정도 두께로 썰어 굵은 소금에 절였다. 30분쯤 후에 무를 구부려서 잘 휘어지자 절어서 생긴 물은 쪽 따라버렸다. 그리고 쪽파, 생강, 홍고추, 배, 양파, 마늘을 썰어 헝겊 주머니에 담아 김치통 밑에 펴두었다. 그 위로 무 절인 것을 골고루 잘 펴서 넣었다. 생수를 붓고 간수를 뺀 소금으로 간을 했다. 정말 오랜만에 정성 들여 동치미를 담갔다.

"간 좀 볼래?"

"딱 맞는 것 같은데 익으면 맛있겠다."

딸은 빨리 익혀서 동치미에 국수를 넣어 먹고 싶단다. 나는 묵직한 동치미 통을 옮기며 중얼거렸다.

"맛이 있어야 할 텐데……."

다섯 벌의 티셔츠

며칠 전 토요일 오후 2시였다. 아들은 작은 방에서 20kg 여행용 가방 두 개를 들고 나왔다. 내 집에 이사 올 때 짐을 넣어왔던 가방이다.
"엄마, 너무 서운해하지 마세요. 자주 올게요."
"그래, 바쁘면 일부러 오지 마."
그렇게 말하면서도 왠지 섭섭했다. 당부하고 싶은 말도 많았다. 알아서 잘 지낼 것이라고 믿으면서도 걱정이 앞섰다.
2020년 6월 말, 아들은 나의 설득으로 목동 우리 집으로 이사를 왔다. 그 당시 아들은 며느리와 손자를 호주로 보내고 가족과 떨어져 지내고 있었다. 코로나19로 호주에 있는 가족들과 만나기도 어려웠다. 그런 아들이 늘 마음에 걸렸다. 귀찮아서 끼니를 거르거나, 아니면 인스턴트식품으로 대충 먹고 살 것만 같았다. 세상에 자식 걱정 하지 않는 부모가 어디 있을까. 작고하신 내 어머니도 나를 걱정했던 때가 있었다.
2000년 남편이 세상을 떠나고 그 충격에서 벗어나지 못한 나는 거의 4개월 동안 두문불출했다. 나만 불행한 일을 당한 것 같아 누구와도 대화하기가 싫었다. 모든 것이 귀찮았다. 어머니는 그런 딸 때문에 노심초사하여 하루에도 네다섯 번씩 전화를 걸었다. 잠은 잘 자니? 끼니 거르면 안 된다. 집에만 있지 말고 바람도 쐬라고 신신당부하셨다. 잘하고 있다고 해도 어머니는 내 말을 믿지 않았다. 어머니가 내 생활에 깊게 참견한다고만 생각했다.

그 당시에 어머니는 유방암으로 투병 중이셨다. 그렇게 힘든 시간을 보내면서도 어머니는 딸이 우선이었다. 내가 좋아하는 배추 겉절이와 열무김치를 담가 아버지 편에 보내곤 했으니 말이다. 혼자 지내는 아들을 걱정하는 나를 보며 어머니 마음을 조금이나마 헤아려 본다.

일 년여 동안 아들과 같이 지내며 좋은 것이 많았다. 하지만 나는 나대로 애면글면하며 살았다. 생각 없이 행동해서 아들과 안 좋은 일이 생기면 어쩌나 싶어서였다. 그러다 보니 하고 싶은 말이 있어도 입단속을 했다. 들어도 못 들은 척, 봐도 못 본 척하고 지냈다.

얼마 전, 귀가 시간이 늦던 아들이 현관문을 열고 들어섰다. 시계를 보니 오후 7시 20분이다. 나는 해가 서쪽에서 뜨겠다며 반가워했다. 아들이 배고플 것을 생각한 내 손은 조리대 위에서 바빴다. 부지런을 떨어 오징어찌개, 애호박전, 두부조림, 고추조림 등을 식탁 위에 올려놓았다.

아들과 마주 앉았다. 아들의 표정이 다른 날과 조금 달랐다. 아들이 좋아하는 고추조림을 쓱 밀어 아들 앞에 놓고 눈치를 살폈다. 다른 날 같으면 맛있다고 너스레를 떨었을 텐데 아들은 "네" "네" 하기만 한다. 아무리 생각해도 이상했다. 직장에서 무슨 일이 있었나 싶어 가슴이 쿵 내려앉았다. 저녁을 끝낸 아들이 어렵게 입을 열었다.

"엄마, 죄송해요. 이사를 가야 할 것 같아요."

"어머, 어디로?"

"선릉역 근처요."

아들은 목동에서 선릉까지 출퇴근하는 것이 힘들었다고 한다. 그것을 알고 회사에서 집을 마련해 주었단다. 7월 초에 이사 간다며 그동안 엄마가 해준 밥 잘 먹고 잘 지냈다고 한다. 그나마 아들이 있어 쓸쓸하지 않았던 밥상이었다. 하지만 서운한 마음을 이내 돌렸다. 결혼한 아들과 일 년 살며 나대로 맘껏 해주었으니 그게 얼마나 좋은 기회였다 싶어서다.

짐 챙기는 것을 거들려고 하니 아들은 괜찮다며 손사래를 친다. 올 때는 짐이 없었는데 가지고 갈 것이 많아졌다며 투덜거렸다. 일 년을 우리 집에서 살며 필요한 것을 하나하나 샀으니 당연한 일이었다. 당장 꼭 필요한 게 아니면 두고 가. 아주 멀리 가는 것도 아니고 또 필요한 게 있으면 다시 오면 되는 거 아냐? 하지만 아들은 필요하다고 꾸역꾸역 짐들을 챙겨 넣었다. 다시는 오지 않을 것 같이 그랬다.

아들이 떠난 지 열이틀이 되었다. 든 자리는 몰라도 난 자리는 안다는 말이 있듯이 집안이 휑하다. 주인이 떠난 다섯 벌의 반팔 티셔츠가 덩그러니 걸려 있다. 아들 보고 싶으면 보라고 두고 간 옷이다. 흰색 셔츠 두 벌과 검은색 세 벌이다.

작품 판매 계약서

갤러리 안으로 들어섰다. 따뜻한 공기가 후끈 얼굴에 와닿는다. 안경이 뿌옇게 김이 서려 나는 손수건을 꺼내 닦은 후, 홀 안을 둘러보았다. 입구 왼쪽에 긴 탁자 위에는 방명록 노트와 펜이 있었고, 안내하는 여자가 서서 인사한다. 15평쯤 되는 홀 안에 20여 명의 사람이 작품을 둘러보고 있다. 삼면三面이 다 작품으로 채워졌다. 방명록에 내 이름을 크게 썼다. 그다음 오른쪽 벽면부터 차근차근 며느리의 작품을 찾았다.

며칠 전, 외출에서 돌아온 딸이 휴대폰을 열어 초대장을 보여준다. 작은며느리가 호주에서 보낸 것이다. 딸 말로는 며느리가 호주에서 짬짬이 그린 작품을 전시회에 출품했다고 한다. 미술을 전공해 진채화비단에 석(石)채로 그린다를 그렸던 며느리가 호주에서 살며 그린 작품을 전시한다고 하니 대견했다. 이번에는 어떤 작품일까 궁금했다. 전시회 기간은 2022년 1월 5일부터 6일간이었다. 나는 딸과 1월 6일에 가기로 했다.

며느리와 손자가 호주로 떠난 지 벌써 2년이 넘었다. 손자 교육 때문에 갔지만, 코로나19로 하늘길이 막혀 세 식구는 서로 오가지 못했다.

혼자 지내는 아들을 보면 아들 대로 안쓰러웠고 속도 상했다. 반면 가족을 떠나 사는 며느리도 마음에 걸렸다. 아들보다는 며느리 생활이 편할 것 같았다. 사실 돈이야 아들이 보내주면 며느리는 신경 쓸 일이 없이 잘 지낼 것이라는 생각이 들었다. 하지만 때로는 같은 여자 입장에서 며느리가 되어보기도 했다. '그래, 한 번쯤은 서로 뚝 떨어져 자유롭게 살아보는 것도 나쁘지 않다'고 말이다.

올해가 임인壬寅년이라 그런지 호랑이를 상징하는 작품이 많았다. 잠자는 숲의 호랑이, 네잎클로버를 입에 문 행운의 호랑이, 머리에 왕관을 쓰고 의자에 앉은 호랑이, 맹수의 이중생활이라 하여 활짝 웃는 모습을 한 호랑이 등등이다. 그중에서도 〈야호虎!~복 내려온다!〉 작품 앞에는 많은 사람들이 모여 있다. 작품 크기는 가로 세로가 60cm쯤 되는 정사각형이다. 얼룩덜룩한 호랑이 열다섯 마리가 경복궁 지붕과 마당에서 뛰어논다. 기와지붕 위에는 호랑이 한 마리가 벌러덩 누워 있다. 갓을 쓰고 담뱃대를 입에 문 호랑이가 있는가 하면 앞발을 들고 마당에서 춤도 춘다. 모두 다른 자세로 재롱을 떤다. 작품명 옆에는 작고 동그란 빨간 스티커가 붙어 있다. 이미 팔린 작품이었다.

며느리의 작품을 찾은 딸이 내게 손짓한다. 며느리 작품은 두 번째 벽면 맨 위쪽 가운데에 있었다. 작품 전체의 이미지는 푸른색을 띤 오로라처럼 보였다. 색감이 묵직하다. 그 속에 커다란 모란꽃 한 송이가 반쯤 피어 있다. 작품 안에 꽉 차 있는 모란꽃이 탐스러워 보였다. 꽃술이 있어야 할 공간에는 양평 아들 집 한옥 풍경이 그려져 있다. 서너 살 된 아기 손바닥만 한 공간에는 한옥과 마당이 있다. 집 뒤쪽에는 키가 큰 나목이 서 있다. 다가서서 자세히 보니 마당 한쪽에 장독대도 보인다. 앞산 위에 떠오른 달과 별빛이 한옥 마당에 가득하다. 반쯤 핀 모란 꽃잎들은 아기 호랑이의 검은 점이 있는 회색빛 털과 흡사했다. 꽃잎 하나에 털 하나하나를 붙여놓은 것 같이 그렸다. 섬세하다. 꽃잎들은 둥그렇게 안으로 반쯤 말려 있다. 가까이에서 '호' 하고 불면 꽃잎이 움직일 것만 같았다.

작품명 〈호화虎花 그리움을 품다〉라고 조금 크게 쓴 글씨가 보인다. 그 밑으로는 작가 이름과 작품 가격이 70만 원이라고 쓰여 있다. 그 아래로는 아주 작은 글씨체로 '작품 크기 50×50cm, 비단에 진채, 2021년'이라고 쓰여 있다. 작품을 해설한 글도 있었지만, 너무 작아 읽을 수가 없었다. 나는 바싹 다가가 읽어 내려갔다.

"그리움이 물든 그곳, 그곳을 보듬는 한 송이 호화, 당신의 품으로 다가가 꽃을 피울게요." – 기다림에 지친 당신에게

늘 조용하고 과묵했던 며느리의 마음이 가득 담겨 있었다. 작품을 그리며 쓸쓸하고 힘든 마음을 달랬을 생각을 하니 콧등이 시큰했다. 서로 보고 싶어도 참고 지내는 아들 가족을 생각하니 눈물이 고였다. 울컥했다. 나는 아들, 며느리, 손자 생각에 결국 눈물을 참지 못하고 한쪽 구석진 곳으로 자리를 옮겼다. 돌아서서 샘솟듯 나오는 눈물을 꾹꾹 눌렀다. 옆에 섰던 딸이 내 어깨에 팔을 두르고 같이 눈물을 닦는다.

그때 내 등을 조용히 어루만지는 손이 있었다. 돌아다보았다. 사부인이 친정 식구들과 내 등 뒤에 서 있었다. 사부인은 내 두 손을 꼭 잡고 아무 말도 하지 않았다. 사부인의 눈에도 눈물이 가득 고여 있었다.

어찌 시어머니인 나와 마음이 같겠나 싶어 사부인 손을 놓지 못했다.

　며느리 작품 앞에서 발길을 돌릴 수 없었다. 심혈을 기울여 마음을 가득 담아 그린 작품이다. 내가 두고두고 보아야 할 그림이었다. 망설임 없이 직원에게 내 의사를 밝혔다. 그리고 작품 판매 계약서에 이름과 주소, 전화번호를 남겼다. 며느리 작품 〈호화虎花 그리움을 품다〉에 동그랗고 빨간 스티커가 붙었다.

　생각해 보니 내가 며느리 작품 전시회에 온 것이 벌써 세 번째다.

김치 다 먹고 갈게요

 손자 녀석이 커다란 박스를 어깨에 메고 들어선다. 나는 달려들어 도와주려 했다. 녀석은 할머니는 무거워서 못 든다며 성큼성큼 걸어가 부엌 조리대 위에 내려놓는다. 힘들었는지 "휴~" 하며 한숨을 크게 내쉰다. 어깨가 뻐근하고 아픈지 팔과 고개를 이리저리 돌리고 있다. 녀석의 얼굴이 벌겋다. 목뒤로 땀이 흐른 자국이 환한 불빛에 번들거렸다. 김치 박스를 단단히 묶었던 포장끈은 거의 벗겨져 있었다. 무거운 김치를 메고 오며 많은 실랑이를 한 것을 한눈에 알 수 있었다.
 손자는 독일 사는 딸의 아들이다. 한국에 교환학생으로 온 지 벌써 3개월이 되어가고 있다. 어려서는 오줌에 흠뻑 젖은 무거운 기저귀를 차고 내 배 위에서 씨름하자고 뒹굴었던 녀석이다. 나만 보면 업어달라고 등에 매달리곤 했다. 그러던 녀석이 건장한 청년으로 변했다. 어느새 훌쩍 커버린 모습을 볼 때마다 '나도 많이 늙었구나' 하는 생각이 든다.
 오랫동안 혼자 살아왔던 나는 집에서 웃을 일이 거의 없었다. 녀석이 온 후로 썰렁하던 집안에 온기가 돌았다. 이야기하며 웃을 일이 있어 사람 사는 것 같았다. 매일 점심 도시락을 챙겨주는 일만 조금 신경이 쓰일 뿐, 그 외에 힘든 일은 거의 없었다. 녀석이 내 옆에 있는 것만으로도 든든하고 좋았다.

며칠 전, 손자는 뜬금없이 강원도 홍천에 사는 오 씨 할아버지 댁을 간다고 했다. 오 씨 할아버지는 딸 친구의 시어른이다. 손자가 안부 전화를 하니 할아버지는 김장하는 날 친구들과 놀러 오라고 했단다. 신바람이 난 녀석의 손이 휴대폰 위에서 바쁘게 움직였다. 홍천에 김장 견학을 갈 학생들과 시간 약속을 하는 것 같았다. 홍천에 갈 학생들은 녀석을 포함해 네 명이었다. 핀란드, 프랑스, 오스트리아에서 온 교환 학생들이다. 다음 날 녀석은 아침 6시에 홍천으로 떠났다.

해마다 김장철이 되면 걱정이 앞섰다. 올해도 예외는 아니다. 43년 동안 가을이면 어김없이 해 오던 일이라 시장에 나온 배추와 싱싱한 무만 보아도 마음이 성급해진다. 김장철이 되니 지인들로부터 오는 첫 인사말이 김장 언제 하느냐이다. 하기는 해야 하는데 점점 귀찮은 생각이 든다고 대답했다. 녀석은 할머니가 전화로 주고받았던 소리를 들었는지 12kg 김치를 강원도 홍천에서 집까지 어깨에 메고 온 것이다. 나는 신통하고 대견하여 두 손으로 녀석의 얼굴을 쓰다듬었다. 부드럽게만 생각했던 얼굴에는 깔끄러운 수염이 있어 내 손끝에 낯설게 머물렀다.

김치가 담긴 박스를 풀었다. 비닐 속에 먹음직스러운 김치가 차곡차곡 담겨 있었다. 김장철에만 맡을 수 있는 맛깔스러운 양념 냄새다. 입 안에 군침이 돌았다. 알싸한 마늘, 생강 냄새가 나의 미각을 자극했다. 이미 저녁을 먹었지만, 따끈한 밥 위에 얹어 먹고 싶었다. 김치 한 줄기를 떼어 입안에 넣었다. 옆에서 내 모습을 지켜보던 녀석이 입을 쩍 벌렸다. 녀석의 입안에 배추 한 줄기를 넣어주었다. 우적우적 씹으며 녀석은 맛있다고 엄지손가락을 치켜세운다.

녀석은 오 씨 할아버지 댁에서 삶은 돼지고기와 배추쌈을 많이 먹었다고 자랑했다. 그러면서도 내가 주면 싫다는 말 없이 받아먹었다. 빨간 고추 양념이 녀석 뺨에 묻어 있다. 그 모습을 보고 내가 웃었다. 이유도 모르고 녀석이 따라 웃는다. 순간 나는 콧등이 찡해졌다.

"할머니는 김치를 먹을 때마다 네 생각이 나서 눈물 날 것 같구나."
"할머니, 걱정하지 마세요. 김치 다 먹고 갈게요."
그러고는 나를 꼭 안아준다.

욕실 앞에 벗어 던진 녀석의 옷가지가 보인다. 양말 두 짝은 돌돌 말린 채로 뒹굴고 있다. 기다란 바지의 한쪽 가랑이가 뒤집혀 훌러덩 벗어 던진 윗도리 위에 포개져 있다. 앞으로 3개월을 같이 있을 터인데 벌써 녀석이 떠난 뒤가 걱정된다. 아마도 오랫동안 비워졌던 자리에 녀석이 와서 더 애틋한 것 같았다.

욕실에서 녀석의 휘파람 소리가 들린다.

주인을 찾습니다

인천공항 출국장 앞에 섰다. 손자와 헤어져야 하는 시간이다.

"할머니, 울지 말아요. 우리 보고 싶으면 언제든지 다시 만날 수 있어요."

눈물이 왈칵 쏟아질 것만 같아 말없이 고개만 끄덕였다. 아쉬움이 한꺼번에 몰려왔다. 목이 메어 손자의 손만 꼭 잡고 있었다. 울지 말자고 한 녀석의 뺨 위로 굵은 눈물방울이 흘렀다.

할머니를 홀로 두고 가는 것이 마음 편하지 않았나 보다. 내 어깨를 꼭 끌어안으며 등을 토닥거렸다. 그리고 뒤도 돌아보지 않고 출국장 안으로 들어갔다. 손자의 옷자락이라도 한 번 더 보고 싶어 발돋움하고 기웃거렸다. 더는 보이지 않았다.

2019년 8월 외손자 화비Fabi가 한국에 교환학생으로 왔다. 딸은 독일 사람과 결혼해서 지금 하일브론Hailbron에 살고 있다. 바로 엊그제 온 것 같은데 6개월이 빠르게 지나갔다. 20년을 혼자 살아온 공간에 손자가 오고 난 후부터 온기가 돌았다. 나는 손자와 마주 앉아 두런두런 이야기하는 저녁 시간이 기다려지곤 했다. 손자는 음식도 가리지 않았다. 돼지고기를 큼직하게 썰어 넣고 끓인 김치찌개를 좋아했다. 두부, 고등어구이, 김치만두, 김밥 등을 즐겨 먹었다. 용돈을 아껴야 한다며 점심 도시락을 싸서 갖고 다녔다.

30년 만에 도시락을 쌌다. 오랜만이라 그런지 처음엔 도시락 싸는 것이 낯설었다. 무엇을 어떻게 준비해야 하나 싶어 걱정도 되었다. 저녁이면 다음 날 싸주어야 할 메뉴를 적어놓았다. 냄새나지 않고 국물이 흐르지 않아야 한다. 야채볶음, 제육볶음, 두부조림, 김, 계란말이, 버섯전 등이 주메뉴였다. 밥은 서리태를 넣은 콩밥을 싸주었다. 손자는 도시락에 밥알 하나도 남기지 않았다. 그리고 조그만 종이에 혀를 내밀은 모습을 그려 빈 도시락 안에 넣어 왔다. 맛있게 먹었다는 뜻이다. 그렇게 할머니에게 감사의 표시를 했다. 나는 그림을 버리지 않고 조리대 위에 붙여놓았다.

"대학교에 점심 도시락 싸 오는 학생 있니?"

궁금하여 물었다.

"못 봤어요."

"그럼, 날씨도 추운데 어디에서 도시락을 먹니?"

"학교 안 카페테리아에서요."

손자는 아무렇지도 않다는 듯이 대답했다. 수많은 학생이 오고 가는 카페테리아 한쪽에서 도시락을 먹는 손자를 생각했다. 마음이 짠했다. 내가 점심값을 준다고 해도 싫다고 했다.

공항에서 돌아와 현관문을 들어서는데 탁구 라켓이 눈에 띄었다. 순간, 손자를 응원했던 많은 관중의 함성이 귀에 들렸다. 탁구를 잘 쳤던 손자는 학교에서 돌아오면 탁구를 좋아하는 할머니를 위해 탁구를 가르쳐주기도 했다. 화비Fabi는 양천구 구청장배 탁구대회에 출전하여 5부옛날 선수 생활을 했던 사람들이 출전하는 부에서 결승전까지 갔다. 많은 관중이 지켜보는 곳에서 손에 땀이 나도록 멋진 경기를 했다. 그렇게 할머니의 위상을 올려주었던 손자였다. 결승에서 졌지만 최선을 다했다며 환히 웃던 모습이 눈앞에 스쳐 지나갔다.

 집안이 휑하다. 손자가 떠난 방문 앞에 섰다. 의자와 책상이 눈에 들어왔다. 그곳에 앉아 공부하던 모습이 내 두 눈을 흐리게 했다. 옷, 책, 가방, 컴퓨터로 꽉 찼던 방은 주인이 떠나고 텅 비었다. 침대 위에는 손자가 덮었던 이불과 베개가 뒹굴고 있었다. 동그란 작은 접시 위에는 남기고 간 동전들이 소복하다. 촘촘히 걸렸던 옷들도 손자와 함께 떠났다. 도시락 가방이 문고리에 덩그러니 걸려 있다. 녀석의 커다란 눈망울과 미소가 스쳐 지나갔다. 참았던 눈물이 왈칵 쏟아졌다. 방문을 휙 닫아버렸다. 텔레비전 옆의 탁구 라켓도 보이지 않은 곳에 넣었다.

 발코니에는 커다란 배낭이 세워져 있다. 겨울방학 동안 녀석이 베트남과 태국을 45일 동안 메고 다녔던 배낭이다. 빨아서 보이지 않는 곳에 두고 싶었다. 손자의 손때가 묻은 주머니를 뒤적이며 닦아냈다. 그때 녀석이 끼고 다녔던 선글라스가 나왔다. 에구, 선글라스를 두고 갔네. 나와 베트남 여행할 때 달랏Da Lat에서 샀던 선글라스였다.

 손자는 선글라스가 필요하다고 했다. 우리는 선글라스를 사려고 달랏 시장을 누볐다. 시장은 많은 사람들로 북적거렸다. 오가는 모터바이크의 경적에 정신이 없었다. 한눈을 팔면 사고가 날 것만 같았다. 방금 내린 소나기로 시장 바닥은 질퍽거렸고 날씨는 후덥지근했다. 아무 곳에나 버려진 쓰레기들의 냄새가 코를 찔렀다. 나는 손자의 손을 꼭 잡고 1시간 반 동안 안경점을 찾아 여러 곳을 들렸다. 하지만 사지 못했다. 마음에 드는 물건도 없었고 생각보다 비쌌다.

포기하고 숙소로 돌아가는 길이었다. 큰길 옆에 안경점이 눈에 띄었다. 유리 안에 진열된 곳에 손자가 찾는 유형의 선글라스가 몇 개 있었다. 한눈에 보아도 비싼 물건을 파는 곳은 아니었다. 아쉬운 대로 한 번만 쓰고 버려도 될 것 같았다. 손자는 이것저것 번갈아 쓰고 거울을 보고 맘에 드는 것을 골랐다. 베트남 돈으로는 십이만 동한국 돈 육천 원이다. 손자는 그것도 비싸다고 계속 흥정했다. 마음에 들어 하는 것을 눈치챈 주인은 깎아주지 않았다.

선글라스를 쓴 손자가 성큼성큼 내 앞으로 걸어갔다. 만족한 듯 뒤를 돌아보고 한 번씩 웃었다.

"할머니, 나 멋있어요?"

"그래, 헐리우드 배우 같구나."

키가 183cm인 손자의 날씬한 몸에 선글라스는 잘 어울렸다. 한참을 걷던 손자는 잘못 샀다고 생각했는지 고개를 흔들고 웃고 서 있다. 선글라스 한쪽 안경알이 빠진 것이다.

"바꾸러 가자."

나는 산 지 얼마 되지 않았는데 안경알이 빠진 게 못마땅했다.

"할머니, 이게 마음에 들어요."

그 후에도 안경알은 자주 빠져 손자를 귀찮게 했다. 하지만 불편하다고 생각하지 않는 듯했다. 틈만 나면 입김을 후후 불어 조심스럽게 닦아 쓰고 다녔다.

여행에서 돌아온 손자의 옷은 누렇게 바래 있었다. 자주 빨아 입지 않아 땀과 먼지에 찌든 옷은 세탁했어도 깨끗하지 않았다. 짐이 될 것 같아 버리고 가라고 했다. 내 말을 듣지 않았다. 앞으로 살아가며 기억하고 싶다고 짐 속에 꾸역꾸역 챙겨 넣었다. 길게 자라 텁수룩한 머리와 수염도 자르지 않고 독일로 떠났다. 그런데 시간만 나면 닦아 쓰고 다녔던 선글라스를 두고 간 것이다.

선글라스를 깨끗이 닦았다. 책상 위에 올려놓고 사진을 찍었다. 그리고 손자에게 문자를 보냈다.

"주인을 찾습니다"

답이 왔다.

"오, 마이 갓! 노 노."

노 프라블럼

얼마 전, 일요일에 작은아들 식구가 집에 왔다. 점심을 먹고 난 후 손자가 아들 내외를 조른다. 방학하면 할머니 집에 와서 탁구를 같이 치고 싶단다. 그런 녀석에게 며느리가 으름장을 놓는다. 할머니 집에서는 아침에 일찍 일어나는 것은 물론이고, 잡곡밥을 먹어야 하며, 게으름 떨어서는 안 된다고 말이다. 잘할 수 있다고 열한 살 손자는 호기 있게 대답한다.

사실 녀석이 오면 내 일상의 리듬이 깨지는 것은 강 건너 불 보듯 뻔하다. 그렇다고 오고 싶다는데 마다할 할미가 어디 있겠는가? 어찌 되었든 탁구를 가르쳐놓으면 나쁘지 않을 것 같아 여름방학 하면 일주일에 한 번씩 와서 배워보라고 했다. 녀석은 좋다며 손뼉을 치고 휘파람을 분다.

일주일 후, 아들은 방학을 한 녀석을 데리고 왔다. 3박 4일 동안 입을 옷가지와 책을 가방에서 꺼내놓으며 아들이 신신당부한다. 할머니 말씀 잘 듣고 잘 지내라고. 녀석은 "네, 네" 하고 고개를 끄덕였다. 대답하는 자세가 제법 진지하다. 나도 녀석과 둘이 지내는 것은 처음이었다. 하지만 캐나다와 호주에서 한 달씩 살아본 일이 있어 무난할 것으로 생각했다.

탁구를 치려면 코치의 레슨을 받아야 한다. 정확한 기본 동작을 배워야 잘 칠 수 있다. 모든 운동이 그렇겠지만 탁구도 폼이 좋아야 공도 잘 들어가고 보는 사람도 즐겁다. 레슨은 10시부터지만 나는 녀석의 레슨 시간을 오전 9시 30분에 예약해 놓았다.

이튿날 아침이다. 6시에 일어난 나는 부지런을 떨었다. 탁구장에 입고 갈 녀석의 셔츠, 반바지, 양말, 탁구 라켓을 소파 위에 준비해 놓았다. 혼자 대충 먹던 아침 시간이 하는 것 없이 바빴다. 계란프라이와 호박전을 부치고, 김을 들기름 발라 구워놓고 녀석을 깨웠다. 꿈쩍하지 않는다. 시계는 8시 30분이다. 내가 다니는 녹색 탁구장을 가려면 9시에는 집에서 나가야 한다. 녹색 탁구장은 양천구 목동 녹색환경교육센터 안에 있다. 한 번 더 일어나라고 이름을 불렀다. 대답이 없다. 녀석이 호기심에 탁구 치고 싶다고 한 말을 모두 믿었던 것이 아닌가 싶었다. 하기야 할머니 집에서는 늦잠 자도 된다는 생각했을지도 모른다.

더 이상 깨우지 않았다. 9시가 다 돼서야 부스스 일어난 녀석은 아침을 먹지 않겠단다. 모처럼 녀석과 단둘이 앉아 아침을 먹으려던 환상이 깨져버렸다. 그렇다고 녀석에게 나와 같이 먹자고 강요하지는 않았다. 호박전 하나를 입에 넣었지만 입안에서만 맴돌고 목으로 넘어가지 않았다.

녀석이 소파 위에 준비해 놓은 옷을 입는다. 바지에 다리 하나를 넣는데도 느리다. 아니, 다리 하나를 끼우고 거실에서 이리저리 돌리기까지 한다. 내 앞에서 응석을 떠는 것인지. 며느리도 녀석의 그런 행동을 봤다면 잔소리했을 것이다. 늦었으니 빨리하자고. 내 표정이 심상치 않았나 보다. 나를 힐끔 본 녀석이 부지런히 옷을 입고 서둘렀다. 나는 갑작스러운 녀석의 행동에 먹던 밥에 물을 부어 후루룩 삼키고 집을 나섰다.

  탁구 코치가 놀란다. 녀석은 곧잘 따라 했다. 탁구 치며 힘 빼는데 10년 걸린다는 말이 있는데 녀석은 처음부터 힘을 빼고 쳤다. 내가 보아도 잘한다. 재미있는지 땀을 흘리면서도 힘들다고 말하지 않았다. 호주에서 3년을 살며 골프와 테니스를 배워서 볼 감각이 있나 보다. 나와 치면서도 일곱 여덟 번씩 연결했다. 한국에 신동이 나타났다는 회원들 칭찬 소리가 좋은지 녀석이 신이 났다. 힘은 들었지만 첫날은 그런대로 지나갔다.

  이틀째 되던 날은 사설 탁구장으로 갔다. 오목교 전철역 부근에 위치한 목운 탁구장이다. 그곳에는 탁구공을 던져주는 기계가 있었다. 녀석은 기계 앞에서 떠날 줄을 모른다. 일정하게 나오는 공을 치는 것이 재미있나 보다. 쉬었다 하자고 해도 말을 듣지 않았다. 기계 앞에서 떠날 줄 모르는 녀석이 신통하기도 하고 병날까 봐 은근히 걱정이 되었다.

  손자가 나와 탁구를 친 지 사흘째다. 탁구대 앞에 선 녀석이 무엇이 못마땅한지 뿌루퉁해 있었다. 내가 정확하게 볼을 넘겨주어도 배운 대로 하지 않았다. 두 번도 넘기지 못한 공은 중구난방으로 날아갔다. 내가 그만하자고 해도 딱 버티고 서서 도리질했다. 나는 공 줍기 바빴고 내 입에서는 잘 쳐보자는 말이 수없이 나왔다. 허리와 옆구리는 시간이 지날수록 뻐근하고 결렸지만 녀석 앞에서는 애면글면했다. 내 자식이라면 큰소리라도 한번 쳤을 텐데 녀석에게는 왠지 관대해진다. 그저 입안에 고이는 걸은 침만 수없이 삼켰다.

쉰여섯 살에 나는 탁구를 처음 배웠다. 시간 가는 줄도 모르고 치고 놀아 오른팔 전체가 아파서 수저질도 못했던 일이 있었다. 자려고 누우면 탁구공이 천장에서 돌아다녔다. 가끔은 꿈에 탁구를 쳤는지 팔을 휘두르다가 깜짝 놀라 깬 일도 있었다. 녀석의 마음을 충분히 읽을 수 있었다.

뿌루퉁한 모습으로 녀석이 내 옆에서 무람없이 걷고 있었다. 그러더니 갑자기 내 손을 덥석 잡았다.

"할머니, 오늘 있었던 일 엄마한테 말하지 마세요."

"왜?"

"엄마 알면 다음에 할머니 집에 못 와요."

어제 기계 앞에서 많이 놀았더니 팔이 아파 할머니 힘들게 해서 미안하다고 했다.

"그럼 할머니한테 말했어야지. 알았어. 엄마한테 말하지 않을게."

녀석은 다음 주에도 오고 싶은데 할머니 불편하실까 봐 걱정이 된단다. 왜냐고 물었다. 녀석도 가끔은 혼자 있는 시간이 좋아서 할머니도 그럴 것 같다고. 흠칫했다. 녀석이 제법 깊은 말을 한다. 나는 영어에 익숙한 녀석을 꼭 끌어안으며 말했다.

"노 프러불럼No problem!"

시무룩했던 녀석의 표정이 밝아졌다. 어느 곳에 비가 오는지 천둥소리가 요란하다. 녀석이 무섭다며 빨리 집에 가자고 내 손을 이끈다. 언제 왔는지 머리 위에 검은 비구름이 넘실거린다.

제2장

세상에서
가장 즐거운 건

한석봉 천자문

며칠 전 이어폰을 찾으려고 온 집안을 다 뒤졌다. 버리지는 않았을 텐데 아무리 찾아도 보이지 않았다. 그러다가 《한석봉 천자문韓石峯 千字文》 책을 발견했다. 나에게 추억이 많이 담긴 책이다. 35년 동안 서류봉투에 담긴 채 보관되어 있었는데 이어폰을 찾다가 우연히 발견된 것이다.

책을 꺼냈다. 겉표지가 떨어져 테이프로 여기저기 붙인 자국이 있다. 종이는 누렇게 변해 있었다. 만지기만 해도 종이가 삭아서 부스스 떨어진다. 책에서는 퀴퀴한 냄새까지 났다. 초등학교 4학년이었던 큰아들이 연필로 적은 글씨가 보인다. '1985년 5월 시작'이라고 적혀 있다. 한문 위에는 삼 남매가 그어놓은 연필 자국이 있다. 잘한 것에는 동그라미를, 틀린 곳에는 가위표가 군데군데 그려져 있다. 조심스럽게 한 장씩 넘기는 곳에 삼 남매가 웃고 떠들었던 목소리가 들리는 듯하다.

1984년 무렵, 큰댁과 대문을 나란히 하고 8년 동안 살았다. 큰댁에 기거하셨던 시아버지는 하루에 한 번은 우리 집에 오셨다. 어느 날, 오후 4시쯤이다. 조금 취기가 있는 듯한 시아버님이 오셨다. 그날도 앉으셔서 대대로 내려오는 제사 이야기와 족보와 가문 이야기를 하셨다. 결혼해서 거의 10년 동안 들어온 이야기였다. 매번 듣는 이야기라 한쪽으로 듣고 한쪽으로 흘렸다.

"얘야, 할아버지 함자 뜻 아냐?"

시아버님은 뜬금없이 물으셨다. 안동 권씨에 '영' 자 '하' 자라고는 알고 있었으나 무슨 '영' 자와 '하' 자가 무슨 뜻인지 솔직히 몰랐다. 나는 우물거렸다. 사실 한자에 '영'이나 '하' 자가 한둘인가. 시아버지는 안동 권씨 가문에 시집온 지가 몇 해인데 대답을 못 하냐고 벌컥 화를 내셨다. 배웠다는 사람이 그것도 모른다며 현관문을 닫고 나가셨다. 황당해서 그대로 앉아 있었다. 삼 남매의 눈동자가 나를 쳐다보았다. 모두 걱정스러운 얼굴이다. 엄마는 무엇이든지 잘 안다고 생각했던 아이들도 할아버지가 화내시는 것을 보고 당황스러웠나 보다.

"엄마, 정말 몰랐어?"

초등학교 2학년 딸이 내 곁으로 쪼르르 와서 물었다. 나는 아무 말도 하지 않았다. 며느리가 시아버지 함자만 알면 되는 거 아닌가? 돌아가신 시할아버지 함자까지 알 필요가 있나 싶었다. 속으로 은근히 부아가 났다. 양반이라는 것이 뭐가 그리 중요하다고……. 무안했던 마음이 좀처럼 가라앉지 않았다. 더구나 무식함을 들킨 것 같아 일도 손에 잡히지 않았다. 낮에 있었던 일로 밤에 잠도 오지 않았다. 이럴 줄 알았다면 시집오기 전에 천자문을 통달하고 왔어야 했다. 아니면 안동 권씨 집에 시집오지 말았던가.

사실 학교에서 배운 내 한문 실력은 짧았다. 나는 학창 시절 일주일에 2시간이었던 한문을 중요하게 생각하지 않았다. 다른 과목만 열심히 했다. 한문은 벼락치기로 달달 외워 시험을 보았다. 그렇게 했으니 시험만 끝나면 머리에 남는 것이 많지 않았다.

다음 날 서점으로 달려갔다. 한문 공부할 책은 많았다. 이것저것 뒤적거렸다. 책 표지에 《한석봉 천자문韓石峯 千字文》이라고 쓴 것이 눈에 확 들어왔다. 책을 한 장씩 넘겨보았다. 조선 중기의 서예가 한석봉 필사본이었다. 한문 뜻풀이도 잘 되어 있었다. 망설임 없이 사서 가방에 넣었다. 저녁부터라도 밤새워 공부할 사람처럼 오기에 가득 차 있었다.

하지만 책을 사서 들고 오며 걱정이 앞섰다. 삼 남매를 돌보며 공부한다는 것이 쉽지 않을 것 같았다. '너무 성급했나?' 하는 생각이 들었다. 어쨌든 책은 샀으니 한번 해보기로 했다.

TV도 보지 않고 두 달은 한자 공부에 몰두했다. 하지만 갈수록 결심했던 마음이 느슨해졌다. 머릿속에는 해야 했지만 마음뿐이고, 행동은 따라주지 않았다. 해야 한다는 생각은 꿈속에서도 따라다녔다. 꿈만 꾸면 한문책이 물에 떠내려가 물에서 허우적거리는가 하면 아궁이 불 속에서 책이 타고 있는 꿈을 꾸다가 잠이 깨곤 했다. 어떻게 하면 천자문을 다 통달할 수 있을까? 생각 끝에 아이들과 같이하는 방법이 떠올렸다. 삼 남매가 읽어주고 내가 받아쓰면 될 것 같았다. 그렇게 하면 아이들도 한문을 자연스럽게 터득할 것 같은 생각이 들었다.

마루 한가운데 6인용 상을 폈다. 그리고《한석봉 천자문》책, 모나미 볼펜, 시험지로 묶은 연습장을 올려놓았다. 아이들이 "하늘 천" 하면 나는 '天' 자를 한문으로 받아쓰고 뜻을 말하기로 했다. 엄마가 천자문 공부한다는 소문을 내고 다녔기에 어쩔 수 없이 해야만 했다.

삼 남매 머리가 상 위에 모아졌다. 엄마가 어떻게 잘 쓰고 있는지 확인한다. 열한 살 아들, 아홉 살 딸, 일곱 살 막내아들이다. 점 하나 찍는 것도 봐주지 않고 틀리면 빨간 색연필로 가위 표시를 하고 저희끼리 낄낄거리고 웃었다. 통쾌한가 보다. 내가 틀리기만 바라는 것 같았다. 아이들 눈이 무서워 틈만 나면 쓰고 외웠다. 아이들이 학교에서 오기 전에 책을 펴놓고 들여다보며 집안일을 했다. 잊으면 다시 보기를 수십 번 반복했다. 완벽하게 하지는 못했지만, 집안일을 하면서 3년 동안 공부해서 천자문의 마지막 글자인 '이끼 야也'까지 끝마쳤다.

학년이 올라간 삼 남매도 숙제와 공부하기에 바빴다. 내가 그렇게 공부하는 사이에 시아버지는 중풍으로 쓰러지셨고, 친정어머니는 유방암 수술을 받았다. 그런 속에서도 천자문 책은 늘 내 곁에 있었다. 힘들어 포기하고 싶었지만 최선을 다했다. 왜냐하면 삼 남매에게 엄마의 의지를 보여주고 싶어서였다.

빛바랜 천자문 책을 덮는다. 삼 남매의 웃고 떠들던 목소리도 다시 책 속에 묻힌다.

금상, '생활 속의 어린이'

　주부라는 이름만 가지고 살기보다는 하나라도 더 배우고 싶은 마음이 늘 있었다. 마침 아이들이 다니고 있는 초등학교 어머니 교실에서 서예를 가르친다고 했다. 그 소식에 마음이 끌렸다. 배우면 잘할 수 있을 것 같았다.
　초등학교 5학년 때 습자지에 일주일에 한 번 붓글씨를 쓰는 시간이 있었다. 담임 선생님은 잘 쓴 부분에 빨간 색연필로 동그라미를 그려주셨다. 내 습자지에는 친구들보다 동그라미가 더 많아서 모두 부러워했었다. 옛날 생각을 하고 용기 내서 등록했다. 첫 번째 수업에 많은 어머니들이 왔다. 서예 선생님은 김영숙 선생님이셨다. 키가 크고 말씀은 조용하게 하셨다. 서예는 마음을 닦는 배움이라고 하시고 집에서 많이 연습하는 것이 중요하다고 하셨다. 그리고 신문지 위에 글 쓰는 법과 붓 쥐는 법을 일러주셨다. 선생님이 쓰신 채본을 나누어주셨다. 글씨에 힘이 있었다. 처음에는 내려쓰기, 가로획을 쓰기, 기역, 니은, 디귿을 차례로 배워나갔다.

매일 연습에 푹 빠졌다. 재미있어서 붓글씨 쓰기에 열중하고 보니 집안일도 대충하게 되었다. 가족들 반찬에도 신경을 덜 썼다. 시장을 자주 가지 않다 보니 소홀해졌다. 아이들은 엄마의 잔소리가 없어서 좋아했다. 말도 더 잘 들었다. 남편을 기다리는 시간의 지루함도 없어졌다. TV 앞에서 시간 보내는 것도 아까웠다.

서예를 시작하고 나서는 마음이 편해졌다. 앞집에 사셨던 시아버님은 며느리가 서예 하는 것을 이해하지 못하셨다. 며느리와 이야기하는 것을 좋아하셨는데 글만 쓰고 있으니 서운하신 듯했다. 말벗을 잃으신 게 못마땅하셨던 것이다. 무엇보다 시아버님은 돈과 연관된 것에 민감하셨다. 신문지에 글을 쓸 때는 아무 말씀도 없으셨다. 그러나 비싸 보이는 화선지에 글을 쓰고 있으면 은근히 화도 나셨던 것 같다. 그때 나는 주로 파지에 붓글씨를 썼다. 어느 날 문을 열어보고는 휙 닫고 나가셨다. 마음이 편하지 않았다. 바늘방석에 앉은 것 같았다. 그런 일이 있으면 집중해서 글을 쓸 수가 없었다. 아니나 다를까 큰동서가 말했다. 아버님이 아침저녁 드실 때마다 동서 집 팔아먹게 생겼다고 말씀하신다고 했다. 시누님들한테도 그렇게 말씀하신다고 했다. 시아버님을 이해하지 못하는 것은 아니었지만, 이야기를 듣는 순간 섭섭했다. 한 번 배워보기로 하고 열심히 하고 있는데 그만둘 수가 없었다. 또 그만두기도 싫었다.

자주 오시는 시아버님 때문에 붓글씨 연습은 주로 밤에 했다. 아이들을 재워놓고 남편을 기다리면서 썼다. 어떤 날은 남편이 집에 왔는지도 모르고 썼다.

남편이 은행 50주년 기념행사에 작품을 내보자고 했다. 전국에 있는 가족들은 누구나 낼 수 있다고 했다. 처음 그 말을 들었을 때는 자신 없어서 못 한다고 했다. 그런데 생각해 보니 손해 볼 건 없었다. 그 동안 연습한 것을 시험하고 싶은 생각도 들었다. 그래서 작품을 내기로 마음을 굳혔다. 결정하고 난 후부터 더 열심히 했다. 다행히 시아버님은 시골에 사시는 시누님 댁에 우물 파는 공사하러 가시고 안 계셨다. 마음 편하게 쓸 수 있었다. 작품의 이름은 '생활 속의 어린이'였다. 부모들이 생활 속에서 자녀들에게 생각하고 말하고 행동해야 하는 내용이 담긴 글이었다.

꾸지람 속에서 자란 아이 비난하는 것 배우며
미움받으며 자란 아이 싸움질만 하게 되고
놀림당하며 자란 아이 수줍음만 타게 되고
관용 속에서 자란 아이 참을성을 알게 되며
격려받으며 자란 아이 자신감을 갖게 되고
칭찬 들으며 자란 아이 감사할 줄 알게 된다.
공정한 대접 속에서 자란 아이 올바름을 배우게 되며
안정 속에서 자란 아이 믿음을 갖게 되고
두둔 받으며 자란 아이 자신의 긍지를 느끼며
인정과 우정 속에 자란 아이 온 세상에 사랑이 충만함을 알게 된다.

이 글을 쓰는 동안 삼 남매는 먹을 갈아주면서 엄마를 응원했다. 작품을 내고 난 후 홀가분한 마음으로 다시 일상으로 돌아갔다. 한동안 작품을 냈다는 것도 잊어버리고 있었다. 그런데 뜻밖에 좋은 소식이 왔다.

금상을 탔다는 것이다. 남편의 전화를 받고 눈물이 났다. 아이들도 좋아서 껑충껑충 뛰었다. 소식을 듣고 오신 시아버님은 수고했다며 나 때문에 서운했던 지난 일은 잊어버리라고 말씀하셨다. 시아버님 앞에서도 눈물이 났다. 그동안 서운했던 마음이 눈물로 쏟아졌다. 돌이켜 보면 삶의 한 점에 불과한 일이었다. 나에게 가장 중요했던 것은 아이들에게 포기하지 않고 꿋꿋하게 견디면 무슨 일이라도 이루어 낼 수 있다는 것을 보여준 엄마의 모습이었다.

엄마와 함께 떠난 노래

엄마는 종이에 가사를 크게 적으라고 했다. 흰 종이에 매직펜으로 반듯하게 썼다. 소파에 앉아 잘 보이는 곳에 붙여놓았다. 만족한 표정이다.

어느 날 전화가 왔다. 엄마 목소리다. 아버지와 다툼이 있어 전화한 것이 분명했다. 두 분이 다투면 전화를 했다. 들어보면 아무것도 아닌 일이다. 구부러진 허리로 따뜻한 밥을 해주는 공도 모른다며 푸념하곤 했다.

그날은 다른 날과 다르게 약간 흥분된 목소리였다. 배울 노래가 있어 전화했다고 하셨다. 뜻밖이었다. 새삼스러운 말에 놀랐다. 무슨 노래가 배우고 싶은지 물었다. 그 전날 텔레비전 '가요무대' 시간에 들은 노래라 했다. 제목은 모르는데, 그 노래가 좋아 꼭 배우면 싶단다. 내일이라도 딸이 와 주기를 바라는 눈치였다.

다녀온 지 일주일도 안 되었다. 전날 저녁 먹은 것이 편하지 않아 내일 간다는 말은 하지 못했다. 1시간 후에 다시 전화가 왔다. "제목을 생각한 후에 전화하마" 한다. 마음이 불편했다. 다음 날 가기로 약속했다.

다음 날 집에 들어서니 엄마가 반겼다. 미안해하는 것이 보였다. 노래 제목이 생각날 것 같은데 생각이 안 난다고 했다. 나는 천천히 생각해 보자 했다. '가요무대'에서 부르는 노래가 한두 곡이 아니다. 알 수가 없었다. 엄마는 큰딸이 오면 알 수 있을 것으로 생각했던 것 같았다. 좀 난감했지만 온 김에 일을 해결하고 싶었다.

아는 노래를 이것저것 소리 내어 흥얼거렸다. 엄마는 고개를 흔들었다. 생각 중이니 시끄럽다 했다. 엄마 나름 꽤 심각한 모습이었다. 잠시 침묵이 흘렀다. 노래를 별로 좋아하지 않는 아버지는 모녀가 하는 일이 못마땅한 표정이다.

"할미꽃이라던가?"

엄마가 뭔가 생각해 낸 듯했다.

"뒷동산?"

나는 할미꽃이라는 말에 '뒷동산'이라는 제목이 떠올랐다. 그리고 곧바로 아는 대로 흥얼거렸다.

"어머나, 바로 그 노래야."

엄마의 얼굴이 환해졌다. 엄마는 노래를 불러보라고 재촉했다. 문제는 내가 가사와 멜로디를 정확하게 모른다는 것이다. 엄마는 아쉬워했다. 젊은 애들이 그런 것도 모른다며 한마디 했다.

구원 투수 여동생에게 전화했다. 동생은 모르는 노래가 없다. 엄마를 닮아 노래를 가수 이상으로 잘한다. '뒷동산'은 그 노래의 제목이 아니고 '옛 생각'이 제목이라 했다. 내가 아는 만큼 노래를 불렀다. 엄마는 따라 부르다가 화를 냈다. 빠르다고 천천히 부르라 한다. 처음이어서 박자와 음정도 전혀 맞지 않았다. 엄마는 혼자서 부르지 못했다.

많은 시간이 필요했다. 엄마는 시간 있을 때마다 '옛 생각'을 함께 부르는 것을 좋아했다. 노래할 때는 고개로 박자를 맞추느라 끄덕였다. 고개 아프면 안 된다고 해도 소용없었다. 너희들 왔을 때 더 배워야 한다고 굽은 허리로 왔다 갔다 하며 불렀다.

며칠 후 아버지는 '옛 생각'이 들어 있는 테이프를 사 왔다. 엄마는 카세트에 테이프를 넣고 열심히 연습했다. 그만 좀 하라는 아버지와 자주 다퉜다. 그럴 때면 엄마는 내 집에서 내가 하는데 뭐가 문제냐 했다고 한다.

드디어 엄마가 가사를 다 외웠다. 거의 3개월이나 걸렸다. 벽에 붙었던 종이가 없어졌다. 혼자서 노래자랑에 나갈 수 있을 만큼 박자와 음정이 정확했다.

노래자랑에 나가자 했다. "허리가 많이 굽어서 싫어." 이렇게 대답하면서도 엄마는 노래자랑 나가자는 말에 흡족해했다. 나갔다면 인기상은 탈 수 있었을 것이다.

나는 5년 전부터 기타를 배우고 있다. 나이 70이 넘어 배우니 힘들다. 코드를 익히기까지 3개월이 걸렸다. 선생님은 제일 먼저 기타 연주로 원하는 노래가 있느냐 물었다. 서슴없이 나는 '옛 생각'이라고 대답했다. 엄마가 83세에 배운 노래다.

   뒷동산 아지랑이 할미꽃 피면
   꽃댕기 매고 놀던 옛 친구 생각난다

그 시절 그리워 동산에 올라보면

놀던 바위 외롭고 흰 구름만 흘러간다

모두 다 어디 갔나 모두 다 어디 갔나

엄마는 그 시절이 많이 생각나 '옛 생각' 노래를 좋아했나 보다.

병석에 누워 있을 때도 나더러 '옛 생각'를 부르라 했다. 동생과 번갈아 불렀다. 엄마가 눈 감을 때까지 옆에서 노래했다. 긴 투병 끝에 엄마는 딸들의 노래 속에 편안히 갔다. 엄마 살아 있을 때 기타를 배웠어야 했다. 그러면 기타 반주와 어우러진 딸들의 '옛 친구'를 들었을 텐데.

중급 레벨 7 Intermediate Level 7

　아일락ILAC어학원에 문을 열고 들어섰다. 시간은 오전 8시 5분, 몇몇 학생들이 가슴에는 동그랗고 파란 스티커와 빨간 스티커를 붙이고 줄을 서 있다. 내가 머뭇거리자 여직원이 수강 명부를 꺼내준다. 겉표지가 빨간색인 노트에서 내 이름을 찾아 사인했다. 여직원이 빨간 스티커를 내 왼쪽 가슴 위에 붙여주었다. 내 생각으로는 단기 수강과 장기 수강을 하는 학생들로 나뉜 것 같았다. 나는 빨간색을 붙인 학생들 쪽에 줄을 섰다. 내 앞에는 손자 손녀뻘 되는 학생들 스물다섯 명이 있었다.
　내 버킷리스트에는 '캐나다에서 한 달 살아보기'가 있었다. 긴 시간은 아니라도 현지인처럼 살면서 여행도 하고, 어학원도 다니고 싶었다. 야심 찬 생각에 적어놓기는 했지만, 떠나기가 쉽지 않았다. 그렇게 한 해, 한 해를 미루어 온 것이 8년을 훌쩍 넘겼다.
　2019년 5월 8일 어버이날이었다. 점심을 같이하던 작은며느리가 입을 열었다.
　"어머니, 캐나다 어학연수는 언제 가실 거예요?"

며느리가 말을 꺼내자 한 살이라도 더 먹기 전에 가야겠다는 생각이 들었다. 마음이 변하기 전에 며느리의 도움을 받아 밴쿠버 아일락어학원에 수강 신청을 했다. 그리고 2019년 7월 19일, 캐나다 밴쿠버로 떠났다. 그때 내 나이 일흔세 살이었다. 남들은 늙어서 왜 사서 힘들게 사느냐고 할 수도 있다. 하지만 나는 아니었다. 버킷리스트에 있는 것들을 하나씩 이루고 싶었다.

숙소는 Oak 스트리트에 있었다. 어학원까지 가려면 한 시간 거리였다. 숙소를 나와 20분을 걸어서 지하철역까지 갔다. 거기서 지하철로 10분 이동하고 다시 어학원까지 20분을 걸었다. 아일락은 밴쿠버에서 유명한 스탠리 파크와 바다가 보이는 파워 빌딩에 있었다.

8시 30분. 직원이 안내하는 교실로 들어갔다. 책상 위에는 고무가 달린 연필 한 자루, 바나나 한 개, 조그만 오렌지주스 한 팩이 있었다. 둘러보았지만 한국 사람은 나이가 많은 나뿐이었다.

시험 감독관은 8시 40분쯤 들어왔다. 40대 중반으로 보이는 남자였다. 175cm쯤 되는 키에 청바지와 파란색 반소매 남방을 입었다.

"아일락에 오신 것을 환영합니다Welcome to ILAC."

그렇게 인사한 뒤 주의 사항을 말했다. 책상 위의 연필만 사용해야 하고 반드시 정해진 시간을 지켜달라고 한다. 시험은 듣기, 쓰기, 문법이며 9시에 시작하여 10시 30분에 끝난다고 했다. 갑자기 가슴이 쿵덕거렸다. 감독관이 나누어준 시험지에 이름을 쓰려고 했지만, 손이 덜덜 떨려 쓸 수가 없었다. 그림 그리듯이 겨우 내 이름을 썼다. 하지만 시험 보는 동안 떨리는 가슴은 쉽게 가라앉지 않았다.

그렇게 얼떨결에 시험을 치렀다. 레벨 성적은 그날 저녁 7시에 이메

일로 왔다. 6레벨 중급반이었다. 1~5급까지인 초급 레벨은 면한 셈이다. 나는 한 달만 수강하는 기간 선택제 반으로 배정을 받았다. 내가 원했던 캐나다 밴쿠버에서 공부는 그렇게 시작되었다.

다음 날, A-3, Neda선생님 이름라고 적힌 교실로 들어갔다. 오전 8시 정각이다. 일찍 출근한 네다가 "굿모닝" 하고 인사하며 미소를 짓는다. 머리에는 머플러를 쓰고 있었다. 아마 종교가 무슬림인 듯했다. 가무잡잡한 피부와 157cm쯤 되는 키에 몸이 말라 더 왜소해 보였다. 네다는 닉네임nick name이 있느냐고 물었다. 니나nina라고 대답했다.

우리 반 학생은 나를 포함해 열여섯 명이었다. 남미에서 온 학생이 많았다. 멕시코, 브라질, 칠레, 아르헨티나 등이었다. 나는 늘 수업이 시작되기 30분 전에 도착해 맨 앞자리에 앉았다. 수업은 8시 30분에 시작해서 오후 2시 30분에 끝났다. 하루 여섯 시간 수업이었다. 일주일에 한 번씩 말하기, 듣기, 쓰기, 문법 시험을 보았다.

네다는 매우 엄격했다. 학생들에게 유능함으로 존경받았지만 1분이라도 늦으면 교실 문을 잠갔다. 지각생은 1교시 수업이 끝난 후에야 입실이 가능했다. 몇몇 학생들은 지각을 자주 했다. 내 옆에 앉아 공부하던 멕시코에서 온 다니엘은 두 시간이 지나서 들어오기도 했다. 하지만 네다는 학생들 사생활은 묻지도 않았고 질책도 하지 않았다. 질문이 있으면 휴식 시간에만 가능했다. 네다는 복습과 예습을 강조했다. 그리고 수업 시간에 지장이 없도록 해달라는 당부도 잊지 않았다. 수업 시간에 영어사전과 휴대폰 지참은 허용되지 않았다. 휴대폰 전원은 끄고 네다 책상 위에 있는 나무 상자 안에 넣었다. 쉬는 시간 10분 동안에만 사용할 수 있었다. 학생들은 휴대폰으로 사진을 찍었다. 네다가 수업 중 칠판에 빼곡히 적어놓은 문장들이다. 물론 나도 예외는 아니었다. 가끔 내가 화장실이 급해 먼저 다녀오면 네다는 지우개를 들고 나를 기다렸다. 내가 휴대폰에 담고 나면 지워도 되느냐고 한쪽 눈을 윙크했다. 내가 사진을 찍으면 그제야 지웠다. 수업이 끝나면 밴쿠버 중앙도서관에서 예습과 복습을 하고 노트 정리를 했다. 배가 고플 때면 슈퍼에서 샌드위치와 우유를 샀다. 그리고 도서관 오르는 계단에 앉아 먹곤 했다.

  우리 반 학생들은 나를 친구같이 대했다. 내가 나이 많다는 생각이 들지 않도록 말이다. 가끔은 학생들끼리 바Bar, 당구장, 불꽃놀이도 갔다. 그럴 때마다 나에게 늘 같이 가자고 했다. 바Bar에 가면 현지인들보다 학생들이 많았다. 다른 학생들을 만나 합석해 수다 떠는 것도 꽤 재미있었다. 내 칠십 평생에 당구장도 처음 가보았다.

  토요일과 일요일은 주로 학생들과 여행했다. 어학원에서 주최하는 여행은 저렴했다. 밴쿠버 시내에서 2시간 거리인 휘슬러 레인보우 마운틴과 국립공원 로키산맥에 위치한 벤프로 떠났다. 주로 버스로 이동했다. 그곳에서 또 다른 학생들을 만나고, 그들과 어울려 여행했다. 내게 많은 것을 듬뿍 안겨 주었던 한 달은 눈 깜짝할 사이에 지나갔다. 아쉬움이 컸다.

  내 손에 수료증이 쥐어졌다. 캐나다 국제아일락어학원에서 한 달 공부한 증서와 성적표였다. 영문으로 쓴 내 이름 밑으로 중급 레벨 7 Intermediate Level 7이라고 쓰여 있었다. 한 달 전 레벨 테스트를 했을 때보다 한 단계가 올라갔다. 비록 짧은 영어였지만, 내 실력을 인증받을 수 있어 뿌듯했다. 수료증을 건네준 네다가 나를 꼭 안아주었다. 그리고 앞으로 내가 앉았던 자리를 늘 기억할 것이라며 내 등을 토닥였다.

영어 배우기 잘했네

 아들 집에 다녀오는 길이었다. 9호선 종합운동장역에서 전철을 탔다. 저녁 9시 30분이 지난 시간이었지만 사람들이 많았다. 나는 전철 안의 중간쯤에 자리 잡고 앉았다. 앞차와의 간격으로 1분 후에 출발한다는 안내 방송이 나왔다.
 그때다. 젊은 외국인들 일곱 명이 우르르 몰려 탔다. 그들 중 네 명은 두산 유니폼을 입고 있었다. 하얀색 바탕에 빨간 글씨로 가슴 부분에 '두산베어스'라고 적혀 있다. 야구팀 두산을 응원하고 돌아가는 길인가 보다. 술을 마셨는지 모두들 얼굴이 불콰했다. 그중 한 사람은 맥주 마시다 남은 페트병을 들고 탔다. 전철을 타자마자 뚜껑을 열고 사람들 틈에서 마셨다. 기분이 좋은지 사람들을 의식하지 않고 자기네들 멋대로 떠든다. 서로 툭툭 치며 장난치는가 하면 큰소리 내어 웃었다. 등에 메고 있었던 가방은 전철 바닥에 아무렇게나 내려놓아 지나다니는 사람들에게 불편을 주고 있었다.
 처음에는 젊은 사람들이라 기분이 좋아 그럴 수도 있겠다고 생각하여 시끄러워도 참고 있었다. 그런데 떠드는 목소리가 점점 커졌다. 나는 그들이 빨리 내리기를 기다렸다. 하지만 행선지가 어딘지 그들은 내릴 생각을 하지 않았다. 내 눈에 그들의 행동은 지하철 안의 사람들을 완전히 무시하는 것으로 보였다. 순간, 내 입이 거칠어졌다.

이런, 무식한 놈들이 있나, 어디서 함부로 떠들어. 지하철이 너희들 놀이터인지 아니? 라는 말이 목구멍을 치고 올라왔다. 사람들은 그들이 떠드는 곳을 피해 다른 곳으로 이동했다. 모두들 남의 일인 듯 무관심했다. 할 말은 해야 하는데 말이다. 이어폰을 귀에 꽂고, 휴대폰만 들여다보고 있는 사람들이 대부분이었다. 시끄러운 곳을 강 건너 불 보듯 한 번씩 힐끔거리고 쳐다볼 뿐 아무런 반응들이 없었다. 늙은 내가 나서는 것보다는 젊은 사람이 한마디 따끔하게 해주기를 바랐다. 그들이 떠드는 것이 귀에 많이 거슬렸는지, 내 앞에 섰던 여자 두 사람이 말을 주고받는다.

"이럴 때 영어를 할 수 있다면, 저 무식한 놈들의 큰 코를 납작하게 해줄 텐데."

요즈음은 서울 어디에서나 외국인들을 쉽게 볼 수 있다. 그렇지만 공공장소에서 저런 무례한 행동을 하는 외국인들을 나는 본 일이 없었다. 당장이라도 일어나 한마디 하고 싶었다. 나는 예의에 벗어났다 싶으면 쓴소리를 서슴없이 하곤 했다. "엄마, 그러다 봉변이라도 당하면 어쩌시려구요" 하며 자식들은 나를 말렸다. 그러나 그날은 그냥 넘어갈 수 없었다. 늙은이 때려봐야 죽기밖에 더 하겠나 싶은 생각이 들었다.

신논현역에서 많은 사람들이 내리고 탔다. 칠십 중반으로 보이는 아저씨가 경로석에 자리 잡고 앉는다. 그리고 같이 떠든다. 그들이 떠드는 말에 "오케이", "예스" 하며 맞장구를 쳤다. 사람들의 못마땅한 시선이 그들에게 쏠렸다. 나는 참다못해 벌떡 일어나 그들 곁으로 다가갔다. 화가 치밀었던 목소리를 감추고, 차분하게 한마디 했다.

"미안하지만 목소리 낮춰 주세요, 여기는 공공장소예요 Please keep your voice down. This is a public place."

시끄럽던 전철 안은 나의 영어 한마디로 조용해졌다. 바로 내 앞에 서 있었던 50대 초반의 여자 두 사람이 나를 부러운 눈으로 쳐다봤다. "어머 멋지세요." 그리고 자기들은 하고 싶어도 못 했던 말을 아주머니가 해주어 속이 시원하다고 했다. 건너편에 앉은 아저씨와 아주머니도 나와 눈이 마주치자 조용하게 박수를 보내며 미소를 짓는다. 나는 쑥스러워 고개를 숙였다.

나의 영어 한마디는 그들의 입을 다물게 했다. 무안하고 당황스러웠는지 미안하다고 했다. 그리고 나를 흘끔흘끔 쳐다보며 서로의 어깨를 툭툭 쳤다. 저희끼리 '너' 때문이라고 탓하는 것 같았다. 고속터미널역이라는 방송이 나오자 바닥에 뒹굴고 있던 가방을 등에 메고 내릴 준비를 했다. 그리고 나를 향해 말했다.

"미안합니다."

서투른 한국말을 남기며 내렸다. 나는 영어 배우기를 잘했다고 속으로 중얼거렸다. 다음은 신반포역이라는 안내 방송이 나왔다.

탁구장의 진짜 사나이

　탁구장 문을 열고 들어섰다. 안이 컴컴하다. 왼쪽 벽에 나란히 붙어 있는 8개의 전기 스위치를 하나씩 올렸다. 환해지며 침묵 속에 있던 여섯 개의 탁구대가 눈에 들어온다. 오전 9시 20분을 조금 지나고 있다. 레슨 시간은 10시부터인데 거의 40분을 일찍 왔다. 나는 요즈음 탁구에 푹 빠져 있다. 누군가 일찍 오면 같이 칠 생각으로 집에서 서둘러 온 것이다. 탁구대 위 먼지를 닦으며 내심 Y가 일찍 오기를 바랐다.

　자영업을 한다는 Y는 58세의 남성이다. 키는 171cm쯤 되고 머리는 스포츠형으로 잘라 깔끔하다. 몸은 마른 편이며 늘 웃는 모습이 호감형이다. 탁구를 15년 쳤다는 Y의 실력은 선수급이었다. 탁구장에서 집도 가깝고, 코치 레슨이 훌륭해서 온다는 Y는 누구든 마다하지 않고 잘 쳐주어 회원들 사이에 인기도 좋다.

　탁구장은 목동 열병합발전소에서 운영하는 녹색환경교육센터 1층에 있다. 사설 탁구장에 비해 넓고 쾌적하다. 회원은 나를 포함해 열세 명이며 남자가 여섯 명, 여자가 일곱 명이다. 50대 후반과 60대가 섞여 있다. 칠십 후반인 내가 제일 나이가 많다. 일주일에 월, 수, 금, 세 번 간다. 레슨은 5분씩이지만 코치가 10분을 해줄 때도 있다.

탁구를 다시 시작한 지는 두 달이 조금 넘었다. 그동안 코로나19로 3년이나 쉬었다. 자세도 흐트러져서 엉망이다. 움직임이 둔해져서 그런지 공도 자주 놓친다. Y는 그런 나를 위해 다른 회원들보다 자주 쳐주었다. 주로 기본기가 되는 포핸드 롱Forehand Long을 쳤다. 포핸드란 상대방과 오른쪽 대각선으로 공을 정확하게 주고받는 것을 말한다. 쉽게 말하자면 선수들이 대회에서 상대방 선수와 몸을 푸는 첫 번째 동작이다.

그렇게 Y가 나를 상대로 많이 쳐주었지만 불편할 때도 있었다. 내가 공을 놓칠 때마다 왜 실수했는지에 대한 설명을 길게 한다. 물론 잘 가르쳐주려고 하는 마음은 알지만, 그의 말을 끝까지 들으려면 인내심이 좀 필요하다. 싫으나 좋으나 Y가 말하면 "네네" 하며 고개를 끄덕였다. 마치 선생님 앞에서 말 잘 듣는 학생처럼 나는 그랬다.

얼마 전이다. Y와 나는 탁구대를 가운데 두고 마주 섰다. 잘 치려고 하면 몸에 힘이 들어가 공을 빠르게 치게 된다며 힘을 빼고 '툭툭' 쳐보자고 했다.

"자, 나를 보세요."

오른손에 라켓을 잡은 Y는 오른쪽으로 허리를 틀었다. 그리고 왼쪽으로 중심을 옮기며 스윙을 가볍게 천천히 반복한다. 내가 봐도 Y의 유연한 폼이 멋져 보였다. Y가 하는 대로 동작만 몇 번 따라 해보았다. 하지만 막상 볼을 치게 되면 몸이 말을 듣지 않았다. Y는 답답한지 자기가 부르는 노래에 박자를 맞춰보라고 한다. 4분의 4박자라서 리듬 맞추는 데 손색이 없다며 흥얼거린다. 탁구를 배운 지 20년이 된 나였지만 노래하며 치는 것이 처음이라 왠지 생소했다.

"근데, 어디서 많이 들은 노래 같아요."

"군가 '진짜 사나이'를 모르신다고요?"

"아! 이제 알겠어요. 근데 다른 노래도 많은데 왜 하필이면 '진짜 사나이'예요?"

"그럼. '산토끼' 부를까요? 아니면 임영웅 노래? 군가가 박력 있고 힘이 넘치잖아요."

한 수 배우는 입장에서 배 놔라 감 놔라 할 수가 없었다. 웃음이 났지만 Y가 하자는 대로 노래에 맞춰 탁구를 쳤다.

사나이로 툭/ 태어나서 툭/ 할 일도 툭/ 많다만 툭/

너와 나 툭/ 나라 지키는 툭/ 영광에 툭/ 살았다 툭/

전투와 툭/ 전투 속에 툭/ 맺어진 툭/ 전우야 툭/

Y가 노랫말 뒤에 '툭' 소리를 내면 거기에 맞춰 나는 공을 쳤다. 신기하게 힘이 빠져 천천히 칠 수 있었다. 볼은 상대편 쪽으로 정확하게 들어갔다.

"그렇지요, 그렇게 하는 거예요."

Y는 칭찬도 아끼지 않았다. 상대와 스무 번을 치지 못하고 볼을 놓쳤던 나는 쉰 번을 쳐도 실수가 없었다. 여자 회원 두 명이 옆에 앉아 같이 노래를 부른다. 마치 탁구장이 훈련소 연병장 같았다. 코치도 쳐다보고 웃으며 한마디 한다.

"코치하셔도 되겠어요. 나보다 훨씬 잘 가르치시네요."

"무슨 말씀을요. 저도 부족한 것이 많아 배우러 온 사람입니다."

코치는 Y가 있어 탁구장 분위기가 좋다며 흐뭇해한다. 그렇게 Y는 내 잘못된 폼을 노래까지 부르며 고쳐주었다.

Y와 게임을 할 때는 더 재미있었다. 내가 공격하기 쉽게 Y는 볼을 받아 천천히 띄워주었다. 있는 힘을 다해 공격해도 다 받아넘긴다. 집에 가서 눕는 일이 있더라도 Y를 이겨보려고 온 힘을 다했다. 마스크를 한 얼굴에서는 땀이 비 오듯 했다. 하지만 내겐 이길만한 재주가 없었다. 어쩌다 Y가 한 번 실수하면 여자 회원들이 박수를 치며 나를 응원했다. Y는 나뿐만 아니라 다른 여자 회원들과 할 때 그렇게 배려하며 재미있게 쳐주었다.

하지만 남자들과 게임할 때 Y는 달랐다. 드라이브를 건다. 최고의 기술이다. 허리를 틀어서 몸을 낮추고 기다렸다가 날카롭게 상대방 쪽으로 볼을 넘긴다. 그리고 상대방이 드라이브로 공격한 볼을 몸을 날려 멀리 가서 공을 받아 친다. 공을 넘길 때마다 '윽' 하는 기압도 넣는다. Y가 입은 유니폼이 땀으로 젖는다. 얼굴에서 흐르는 굵은 땀방울은 바닥에 떨어져 둥근 자국을 남긴다. Y가 최선을 다하는 모습은 예술이다. 그때마다 회원들은 박수를 치며 감탄사를 토해냈다.

시계는 오전 10시 40분인데 나타나야 할 Y가 보이지 않는다. 탁구를 치며 문 쪽으로 자주 힐끔거렸다. 결석한 날이 없었던 Y였다. '어디가 아픈가? 아니면 집안에 무슨 일이 있나?' 탁구장에 있어야 할 사람이 없으니 텅 빈 느낌이 들었다. 회원들은 총무에게 Y가 무슨 일이 있는지 전화해 보라고 독촉한다.

그때다. 문이 열리며 Y가 커다란 스포츠 가방을 들고 들어섰다. 마치 가수 임영웅이 무대에 설 때처럼 회원들은 박수를 치고 환호했다. Y는 연신 허리를 굽히고 활짝 웃으며 농담 한마디를 툭 던졌다.

"다음부터는 더 늦게 와야겠네요."

탁구장은 금방 활기가 넘치고 훈훈해진다.

제3장

길에서
만나는 뜻밖의

마담, 캔디?

딸이 가방에서 책 한 권을 꺼내놓는다.
"엄마, 이 책 한번 읽어보실래요?"
류시화 작가가 쓴 인도 여행기 《하늘 호수로 떠난 여행》이다. 딸은 엄마가 읽으면 분명 마음에 와닿는 것이 많을 거라고 한다. 책은 그다지 두껍지 않았다. 인도를 다녀온 내게는 읽어볼 만한 좋은 책이었다.
작가는 인도 여행을 열 번 했다. 한 번 가면 몇 달씩 살며 많은 구루들, 사두들, 승려, 학자들을 만난다. 그리고 인도인들 삶에서 많은 것을 느끼며 자아 성찰을 한다. 릭샤를 끄는 사람, 걸인이 남긴 말 한마디에도 '아차' 하고 이마를 친다. 그렇게 사람들과 부딪히며 일어났던 많은 일들을 간결하고 재미있게 써 내려갔다. 내가 미처 생각하지 못하고 지나쳤던 일들을 다시 한번 곱씹어보게 했다. 때로는 애잔한 마음이 들어 콧등이 찡하면서도 웃음이 나왔다. 책은 시계를 돌려 나를 다시 그곳에 내려놓았다.
내가 쉰한 살 때였다. 그러니까 1997년 큰아들과 인도 여행을 했다.

불교 신자였던 나는 석가모니 부처님이 태어나 열반하신 곳을 꼭 가보고 싶었다. 인도 뭄바이에서 중앙을 거슬러 인도 북부와 네팔 포카라와 카트만두를 돌고 오는 45일의 여행이었다. 사실 류시화 작가에 비한다면 나의 45일 동안의 인도 여행은 인도를 보았다고 할 수는 없는 짧은 여정이다. 하지만 나름대로 인도를 깊이 느껴보려는 여행이었다.

인도 서북부 아그라에서 중부 도시 뭄바이행 50시간 가는 열차도 탔다. 12명 정원의 작은 트럭에 40명이 넘게 탄 틈에 나도 끼어 있었다. 닭과 새끼 염소를 안고 차 지붕에 올라탄 사람도 있었다. 차가 움직이는 대로 이리 쏠리고 저리 쏠리면서도 얼굴 하나 찡그리지 않았다. 인도인들에게 그 모든 것이 평범한 일상이었다. 하지만 호기심이 많은 탓일까? 외국인들이 길을 묻거나 말을 걸면 틈을 주지 않고 끈질긴 질문 공세를 한다. 물론 다 그런 것은 아니지만, 대체로 그런 인도인들의 습성習性은 어디에서나 볼 수 있었다. 작가도 길에서 있었던 일을 옮기고 있었다.

작가가 힌두교의 문화센터인 타고르하우스를 찾아갈 때 길을 물었더니 인도인들은 작가에게 엉뚱한 질문을 던졌다. "어디서 왔느냐?"라는 질문부터 시작해서 나중에는 엉뚱한 질문이 이어진다. 나이, 직업, 월수입을 묻고, 그것도 모자라 지금 신고 있는 신발은 얼마인가, 손목에 찬 팔찌는 어디에서 샀으며, 파란색 바지는 한국 전통 의상이냐고 묻는다. 궁금한 것은 다 묻는다. 묻는 시간이 길어지면 길 가던 사람들이 한 사람씩 모여든다. 흰색 터번을 두른 노인, 자전거를 타고 지나던 노인이 멈춰 서서 "무슨 일이야?" 하고 끼어든다. 게다가 시크교인, 길가 상점 주인도 끼어들어 한바탕 소동이 벌어진다.

순간, 잊고 있던 일이 떠올랐다. 아들과 나는 오후 8시 30분, 인도 중북부 '잘가온'에서 '잔시'를 거쳐, '바라나시'로 가는 열차를 타고 있었다. 잔시역에는 다음 날 오전 8시 35분에 도착 예정이었다. 그러니까 12시간을 기차 안에서 보내야 했다.

아들과 나는 통로 쪽에 마주 보고 앉았다. 좌석 번호가 정해진 2등 칸이었다. 의자는 나무로 되어 있었고, 한 의자에 세 사람씩, 여섯 명이 마주 보고 앉았다. 앉으면 거의 머리가 닿는 선반 위에 배낭을 얹어놓았다. 그리고 쇠줄로 기둥에 단단히 동여매고 자물쇠를 채웠다. 많은 사람들이 들어선 기차 안은 땀과 향신료가 어우러져 소변에서 나는 퀴퀴한 냄새로 가득했다. 좌석이 없는 사람들은 통로에 짐을 놓고 그 위에 앉았다. 그렇게 복잡한 사이를 짜이 파는 상인들이 비집고 다녔다. 목덜미에 경동맥이 툭 튀어나오도록 "짜이~ 짜이~"를 외치고 있었다.

인도 기차는 한두 시간 연착하는 것이 보통이었다. 내가 탄 기차도 예외는 아니었다. 한 시간이 지난 오후 9시 30분에야 잘가온역을 출발했다. 게다가 기차에서는 안내방송을 하지 않아 마음 놓고 잘 수가 없었다. 내려야 할 기차역을 인도인들에게 자주 물어야 했기 때문이다.

기차 안의 이상한 냄새 때문에 나는 가방에서 박하사탕 한 봉지를 꺼냈다. 사탕 50개가 들어 있는 다이아몬드 모양의 길쭉한 흰색 사탕이다. 봉지를 여는 순간 박하 향이 주위에 진하게 번졌다. 앞 사람들에게 한 개씩 주었다. 받는 사람도 있었지만, 괜찮다고 사양하는 사람도 있었다. 나는 사탕 하나를 입안에 넣었다. 콧속이 시원하게 뻥 뚫렸다. 아들 입에 한 개를 막 넣어줄 때였다. 지나가던 짜이 파는 남자와 눈이 마주쳤다. 30대 중반쯤 보였고 체크무늬 남방에 흰 룽기인도 남성들이 입는

치마를 입고 있었다. 콧수염과 피부는 검고, 마른 체형이었다. 깊고 검은 눈은 '나도 하나 주세요'라고 말하고 있었다. 그 간절한 눈빛을 외면할 수 없어 박하사탕 두 개를 그에게 건넸다. 사탕을 받아 든 남자는 고맙다며 묻지도 않은 자기 이름을 알려줬다. '로한'이라고 했다.

시계를 보니 자정이 조금 지나 있었다. 잠은 오지 않아도 눈만 감고 있었다. 나도 모르게 설핏 잠이 들었나 보다. 자리가 끼는 듯 불편하여 눈을 떴다. 바로 내 옆에 로한이 궁둥이를 걸치고 앉아 있는 것이 아닌가? 내가 소스라치게 놀라자, 녀석이 움찔하며 일어났다. 그리고 "마담. 캔디?" 한다. 아까 두 개 주지 않았냐고 하자, 반을 씹어 물든 붉은 혀를 쭉 내밀었다. 혀 위에 콩알만 하게 남은 박하사탕이 유난히 하얗게 보였다. 나는 두 개를 주었다. '이제는 또 달라고 하지 않겠지' 하고 눈을 감았다.

웬걸, 얼마 지나지 않아 또 느낌이 이상해 눈을 떴다. 내 옆에 세 명의 남자가 서 있는 것이 아닌가. 하나 같이 까만 콧수염을 기르고 있어, 마치 같은 수염 공장에서 주문해 붙인 것 같이 보였다. 나이는 로한보다 서너 살 아래인 듯 보였다. 녀석은 자기 친구들이라며 어깨를 들먹거린다. 기가 막혔다. 시계를 보니 새벽 3시 30분이다. 로한은 한쪽 손을 활짝 펴 보이며 친구 아이들이 다섯 명이 있다고 했다. 녀석이 박하사탕 소문을 낸 것 같았다. 정말 염치도 좋고, 오지랖도 넓다. 내가 선뜻 줄 것 같지 않은지 "마담, 캔디 체인지?" 하며 양은으로 된 호리병 모양의 짜이통을 들어 올린다. 아들은 사탕을 봉지째 내주자고 했다. 그렇지 않으면 분명 떼 지어 몰려올 거라고. 나는 사탕 봉지를 통째로 내주고서야 눈을 붙일 수 있었다.

책을 덮고 나는 깔깔대고 웃었다. 작가가 타고르하우스 길 찾는 광경과 내가 기차 안에서 있었던 일이 겹치자 새까만 콧수염들이 눈앞에 어른거렸다. 책을 더 읽어 내려갈 수 없었다.

"엄마, 책 어때요?"

외출에서 돌아온 딸이 묻는다. 내가 겪었던 기차 안 이야기와 타고르하우스 이야기를 했다. 게다가 박하사탕 이야기를 로한의 제스처와 녀석들의 콧수염도 잊지 않고 말했다. 딸도 박장대소를 한다. 결국 사탕 두 개 빼고 다 뺏긴 거라며 깔깔대고 웃는다. 사실 그랬다. 다음에 인도 갈 때는 박하사탕 보따리를 메고 가야겠다며 딸이 한마디를 보탠다.

"그러게."

그때부터 또 시간이 많이 흘렀다.

그때까지 캠프파이어의 불은 타고 있었다

 그리질리 허트Grizzly Hut 캠프장은 로키산 자락에 있다. 캠프장 주위는 온통 파란 잔디에 둘러싸여 있었다. 조그만 숙소들이 나란히 줄지어 있다. 내가 배정받은 방은 12번 방이었다. 3층으로 된 나무 침대가 두 개, 모두 여섯 명이 잘 수 있는 방이었다. 캠프파이어는 저녁을 먹은 후 6시에 진행한다는 방송이 나왔다. 짐을 대충 정리하고 밖으로 나와 캠프장을 둘러보았다. 아난이 헐레벌떡 나를 찾아왔다. 해 지기 전에 엔니와 곰을 보러 가기로 했다며 같이 갈 수 있느냐고 묻는다. 젊은 사람들이 찾아준 것도 고마웠지만 어쩌면 곰을 볼 수 있다는 생각에 따라나섰다. 우리가 캠프장을 떠난 것은 오후 3시 20분쯤이었다. 엔니는 앞장서서 걸으며 자기 휴대폰만 믿고 따라오라고 한다.
 2019년 캐나다 아일락어학원에서 공부할 때다. 어학원 학생들과 4박 5일로 로키산 트레킹을 가는 버스에서 아난과 엔니를 처음 만났다. 내 옆자리에 앉은 아난은 서른 살쯤으로 보였고 180cm 정도의 큰 키였다. 검은 피부에 까만 콧수염이 금방 눈에 띄었다. 나는 아난에게 한

국 사람이라고 먼저 말을 꺼냈다. 아난은 인도 캘커타에서 왔다며 웃었다. 내가 20년 전에 인도를 여행한 일이 있다고 하자 정말이냐며 눈을 크게 떴다. 내 앞에 앉아 있던 엔니는 금발이며 날씬했다. 엔니도 작은 키는 아니었다. 170cm가 넘어 보였다. 내가 아난과 하는 말을 들었는지 엔니도 자기소개를 했다. 그녀는 벨기에서 왔고 2주 동안 한국 여행을 한 일이 있다고 했다. 우리 셋은 자연스럽게 국경을 넘나들며 이야기를 주고받았다. 그들도 트레킹을 좋아한다는 말에 곧 친구가 되었다.

　캠프장을 떠나 10분쯤 걸으니 숲 가운데로 자동차가 지나갈 너비의 흙길이 곧게 뻗어 있었다. 길 양쪽에 군데군데 설치되어 있는 철조망 위로 덩치가 큰 흑곰과 갈색곰 사진이 걸려 있었다. 그 밑에는 빨간 글씨로 곰이 자주 나타나는 곳이며 해 뜨기 전과 해 질 무렵에 나타난다고 쓰여 있었다. 숲길은 여러 방향으로 갈라져 있었다. 모기떼들은 이방인들의 냄새를 맡고 떼를 지어 모여들었다. 손으로 휘저었지만, 안경 밑까지 모기가 달려들어 내 피를 빨았다. 모기떼가 물러설 무렵에는 이미 해는 거의 넘어가고 숲도 어두워지고 있었다. 환하던 길 위로 어둠이 짙게 내려앉았다.

　얼마나 걸었는지 모른다. 어둠이 찾아온 숲은 무섭고 음침했다. 금방이라도 곰이 나타나 달려들 것 같았다. 휴대폰에서 나오는 노래를 따라 흥얼거리며 10m 앞에서 걷던 엔니가 우리 쪽으로 다시 돌아왔다. 무서웠는지 나와 아난 사이로 끼어들었다. 가볍게 2시간 숲을 걷다가 캠프장으로 돌아갈 생각이었는데 겁도 없이 우리는 이미 숲 한가운데까지 와 있었다. 곰을 본다고? 그건 우리의 착각이었다. 우리가 곰을 보는 것이 아니라 자칫하다가는 곰에게 공격당할지도 모르는 상황에 처해 있었다. 나는 어쩐지 불안했다.

그때 우리 앞에 사거리가 나왔다. 아난이 휴대폰을 열더니 인터넷이 터지지 않는다고 했다. 모르기는 해도 캠프파이어 시간 안에 돌아가기에는 너무 멀리 와 있는 것 같단다. 지름길을 찾아보자며 두 사람이 의논했고 오른쪽 길로 들어섰다. 엔니와 아난이 휴대폰 불을 밝히고 걷는다. 성큼성큼 걷는 두 사람을 나는 따라가기도 바빴다. 보름달이라도 떴으면 환히 비추어줄 텐데 초승달이었다. 곰은 불빛과 큰소리를 싫어한다며 엔니는 노래를 부르자고 한다. 나는 엔니의 휴대폰에서 흘러나오는 나오는 노래가 무슨 노래인지도 모르고 큰소리만 냈다.

"어떻게 해. 배터리가 16%만 남았어."

한참을 걷던 엔니가 소리쳤다. 무섭기도 하고 걱정도 돼서 나는 아무 말도 못 했다. 나와 아난은 엔니의 휴대폰만 믿고 생각 없이 걸었는데. 나무가 울창한 숲길은 여러 방향으로 갈라져 있었다. 캠프로 돌아가려면 엔니의 휴대폰 내비게이션이 있어야 했다. 캠프장 위치는 엔니의 휴대폰에만 저장되어 있었다.

우선 엔니의 휴대폰 배터리를 아껴야만 했다. 불을 밝히는 건 아난의 휴대폰을 써야 한다. 하지만 하루 종일 사진을 찍은 아난의 배터리도 30% 밖에 남아 있지 않았다. 캠프장까지 불을 밝히고 가기에는 충분하지 않았다. 다행히 내 휴대폰 배터리는 아직 56%쯤 남아 있었다. 나는 그들 옆에 바싹 붙어 걸었다. 내가 힘들 것이라는 것을 눈치챈 아난이 뒤에서 휴대폰 불빛을 비춰주며 걸었다. 우리는 숲을 관리하는 초소가 분명 어디엔가 있을 거라는 막연한 희망을 품고 걸었으나 없었다.

사거리에서 방향을 바꿔 30분쯤 걸었을 때다. 멀리서 개 짖는 소리가 들렸다. 곰이 나타나면 개들이 짖는다는 말을 들었다. 몸에 소름이 돋았다. 개 짖는 소리가 점점 가까이 들렸다. 곰이 우리 근처에 있다는 신호였다.

엔니가 달렸다. 나도 그녀를 따라 달렸다. 숨이 턱에 닿도록 뛰었다. 엔니가 갑자기 나무로 둘러쳐진 비탈진 울타리를 긴 다리로 장애물 선수처럼 뛰어넘었다. 그 뒤를 따라가다가 나는 그만 비탈길에서 고꾸라지고 말았다. 다시 뛰려고 일어났다. 아난이 길 위에서 불을 비추며 웃고 서 있었다. "녀석 담도 크다." 속으로 중얼거리며 일어서서 올라가려는데 다리가 후들거려 일어날 수가 없었다. 엔니는 못 믿겠는지 울타리 안에서 나오지 않고 쭈그리고 앉아 있었다. 개는 여전히 짖고 있었다. 아난의 뒤로 하얀색 개 두 마리가 다가오는 게 보였다. 개는 우리가 곰인 줄 알고 멀리서 달려온 것이다.

한바탕 소동이 지난 후 우리는 3시간 40분 만에 숲에서 벗어났다. 하지만 우리가 왔던 길이 아니라 고속도로였다. 다시 고속도로 갓길을 걸어야 했다. 커다란 짐차들이 굉음을 내며 무섭게 달렸다. 곰에게 잡히는 일은 피한 것 같아 안심은 되었지만, 몸은 지쳐가고 있었다. 엔니의 휴대폰 배터리는 6% 밖에 남아 있지 않았다. 우리는 엔니의 휴대폰 내비게이션이 안내하는 대로 고속도로 갓길을 따라 걸었다. 맨 앞에 엔니, 나, 뒤에는 아난이 섰다. 아난은 뒤에 서서 내 휴대폰으로 불빛을 밝혀 지나가는 운전자들에게 우리가 걷는 것을 알렸다. 짐차들이 지나갈 때마다 땅은 흔들렸고, 내 몸은 휘청거렸다. 가끔은 아난이 휘청거리는 나를 붙잡아주었다.

그렇게 얼마쯤 걸었을까? 오른쪽 비탈길에 자동차 바퀴 자국이 있었다.

"아난, 여기 불 좀 비춰 봐."

내가 소리를 질렀다. 아난이 불을 밝힌 곳에는 버스가 들어간 큰 바퀴 자국이 있었다.

"이 길이 캠프장으로 가는 길 맞는 것 같아."

내 기억으로 낮에 버스가 큰길을 달리다 우회전해서 산기슭으로 들어간 생각이 났다. 모두 맞다고 했다. 캠프장으로 가는 길은 칠흑같이 어두웠다. 우리 세 사람은 배터리가 19% 남은 내 휴대폰 불빛에 의지하고 캠프장에 도착했다. 곰을 보겠다며 캠프장을 떠난 지 거의 7시간 만이었다.

하지만 다행인 것은 그때까지 캠프파이어의 불은 타고 있었다.

킬리만자로의 손수레

 킬리만자로 키보 산장에 도착했을 때 제일 먼저 눈에 들어온 것은 세 발 달린 손수레였다. 보는 순간 많은 사람들이 정상까지 가지 못하고 손수레를 타고 내려갔을 모습이 떠올랐다. 마음이 움찔해졌다. 3,700m 호롬보 산장에서 4,700m 키보 산장까지는 고산증이 많이 오는 구간이다. 평범한 산이라면 1,000m 정도는 4시간 30분이면 올라갈 수 있다. 그러나 공기가 희박한 이곳에서는 10시간 이상 걸어야 한다.

 호롬보 산장에서 출발하자마자 오르막길이 시작되었다. 아주 가파른 길은 아니었지만 숨이 찼다. 자주 호흡을 조절하며 걸었다. 고개 위에 오르면 일행이 멀리 보이다가 곧 사라졌다. 나는 산길에서 느리게 걷는다. 그렇지만 끝까지 간다. 그래서 붙여진 별명이 거북이 아줌마다. 길은 돌출 부분이 많아 조심해서 걸었다. 트레킹 오기 전에 입맛이 없어서 잘 먹지도 못했는데 후유증이 나타났다. 온몸에 힘이 빠지고 몸이 무거워졌다. 가는 데까지만 가기로 마음먹었다. 눈에 보이는 대로 보고 귀에 들리는 대로 들으면서 천천히 걸었다. 내 뒤에 오는 포터에게 미안했다. 신경 쓰지 말고 걸으라고 했다. 산허리를 돌고 돌았다. 눈앞에 킬리만자로의 모습이 들어왔다. 정상은 구름이 있어서 볼 수 없었다. 쉽게 보여주지 않을 것 같았다. 킬리만자로 정상을 보니 조금 힘이 났다.

  대평원 위에 한 줄기 외길이 보였다. 일행들이 드문드문 걷고 있었다. 지루하고도 힘든 구간이었다. 앞에서 빨리 걷던 부부가 걷지 못하고 있었다. 남편이 고산증이 심하게 온 상태였다. 부인도 얼굴빛이 좋지 않아 보였다. 가이드가 내려가야 한다고 설득해도 끝까지 갈 수 있다고 고집을 부렸다. 포항에서 이곳을 오려고 백두대간을 두 번씩 완주했다고 했다. 백두대간이란 백두산에서 지리산까지 이어지는 한반도의 가장 크고 긴 산줄기이다. 백두산, 금강산, 설악산, 태백산, 소백산을 거쳐 지리산까지 이어지는 길이다. 남쪽의 백두대간은 강원도 회양의 철령과 금강산 남쪽 부분, 강릉 오대산, 삼척 태백산 충북 보은의 속리산을 거쳐 지리산을 걷는 트레킹 코스다.

  천천히 가라고 했지만 귀담아듣지 않고 빨리 걸었던 것이 후회된다고 했다. 가이드가 안타까운 눈으로 바라보기만 했다. 술에 취한 사람 걸음이었다. 나도 걱정되었다. 그때 포터 세 명이 손수레를 밀고 달려 내려오고 있었다. 급한 상황이라는 것을 알 수가 있었다. 우리 옆을 지나 달려 내려갔다. 가이드에게 물었더니 고산증으로 숨진 사람이라고 했다. 사고가 난 사람은 담요로 덮여 있었다. 고집을 부리던 부부는 결국 그곳에서 하산했다.

  갑자기 다리가 더 무거워졌다. 이슬비가 내렸다. 잠시 뒤에 비바람이 쳤다. 벌판에서의 비바람은 강했다. 몸이 휘청거렸다. 넘어지지 않으려고 버티었다. 살아남기 위한 몸부림이었다. 몇 사람들이 스틱에 몸을 의지하고 있었다. 비바람을 뚫고 온 힘을 다해 걸었다. 키보 산장의 지붕이 보였다. 10시간을 걸어 도착했다. 산장에는 고산증세로 몇 사람이 누워 있었다. 11시에 죽을 먹고 12시에 정상에 오른다고 했다. 자려고 눈을 감았다. 걸어올 때 목격했던 죽음과 손수레의 모습이 눈앞에 어른거렸다. 포터들이 끓이는 죽 냄새가 허기진 뱃속으로 밀려들었다.

나미비아에서 스카이다이빙

　오지로 여행을 떠날 때면 가족들에게 남길 말을 써 놓고 떠난다. 떠날 준비를 다 끝내고 쓴다. 그럴 때는 가슴이 뭉클해진다. 눈시울을 적실 때도 있다. 가족의 품으로 다시 돌아온다는 보장은 없다고 생각해서다.
　호기심이 많고 겁 없이 도전하는 나에게 주위 사람들은 미쳤다고 했다. 반면에 응원하며 나의 삶을 부러워하는 사람들도 있었다. 나이와 가족 생각은 하지 않고 오지를 찾아서 떠나는 나를 이해하지 못하고 이기적인 면이 있다고 했다. 물론 걱정되어 하는 말이겠지만 그런 말들은 내 삶에 전혀 도움 되지 않았다. 여행한 후에 나는 활력이 넘쳤고, 자신감이 생겨 삶의 원동력이 되었다. 해보지 않고 겪어보지 않으면 느낄 수 없는 것들이다. 힘들고 어려운 시간을 이겨낸 많은 것들은 이제 뿌리를 내려 나를 튼튼하게 받쳐주고 있다. 그래서 내 삶은 활기차다.
　나는 목숨을 걸고 스카이다이빙에 도전했었다. 2011년 1월 우연히 인터넷에서 남아프리카 노마드 트레블Nomad Trouble이라는 여행 상품을 발견했다. 텐트를 가지고 유목민 같이 옮겨다니며 하는 여행이라 하여 붙여진 이름이다. 나는 텐트에서 자고 먹으며 한 달 동안 색다른 여행을 했다. 아프리카 5개국남아공화국, 나미비아, 보츠와나, 잠비아, 짐바브웨이을 여러 나라에서 온 사람들과 같이 했다.

나미비아 여행 중 스와콥문트SwakopMund에서 나의 버킷리스트에 적혀 있던 스카이다이빙 Sky diving에 도전했다. 처음에는 나이 때문에 망설였지만, 한번 도전해 보기로 했다. 이번 기회를 놓치면 기회가 없을 것 같아 신청했다.

캠프장 안으로 미니 셔틀버스가 들어왔다. 스카이다이빙을 신청한 사람들을 태우러 온 것이다. 덴마크에서 온 아가씨 두 명과 호주에서 온 청년 그리고 나, 세 명이 신청했다. 캠프장에서 40분을 달려 사막으로 둘러싸인 광활한 대평원에 도착했다. 그곳에는 다이빙할 사람들을 태우는 노란색 경비행기 3대가 나란히 서 있었다. 경비행기 꼬리 부분에는 나미비아 국기가 그려져 있어 멀리서도 눈에 띄었다. 아무리 둘러보아도 풀 한 포기, 나무 한 그루 보이지 않는 곳이었다.

대평원 위에는 작은 건물 한 채가 있었다. 워낙 넓은 곳에 세워져 있어 작다는 생각이 들었을 뿐, 실제 그렇게 작은 건물은 아니었다. 안내원이 안내하는 대로 건물 안으로 들어갔다. 건물 안은 생각했던 것보다 넓었다. 출입문만 제외하고 스카이다이빙에 필요한 기구들과 유니폼들이 빽빽하게 걸려 있었다. 한쪽 조그만 칠판 위에 내 이름이 영문으로 적힌 것이 보였다. 이름을 보는 순간 현실로 다가선 일에 겁이 났다.

20분 동안 교관들의 훈련이 있었다. 뛰어내릴 때의 자세와 착지할 때 다리를 구부려야 한다며 동작 하나하나를 직접 해보게 했다. 교관이 나의 신청서를 한참 들여다보고 있었다. 할 수 없다고 판정 내리면 어쩌나 싶어 마음이 조마조마했다. 교관 둘이 말을 주고받았다. 교관들은 나에게 고혈압이나 다른 질병이 있느냐고 물었다. 나는 먹는 약도 없고 건강하다고 했다. 그러자 서류 한 장을 주며 사인하라고 한다. 불의의 사고가 일어나도 책임지지 않는다고 쓰여 있었다. 사인하지 말아야 했음에도 나는 망설이지 않고 사인했다. 다이빙하기 전인데도 마음이 차분했다. 교관의 말로는 71세의 할아버지가 2010년에 다이빙을 했다고 한다. 내가 두 번째로 나이가 많은 사람이라고, 나중에 알았지만 60세가 넘으면 못 한다는 규칙이 있다고 한다.

유니폼은 주황색이었다. 나에게 맞는 옷을 골라 입었다. 위아래가 붙은 옷이었다. 교관이 입혀주는 대로 걸치고 안전 장치를 착용하니 몸이 무거워졌다. 마지막으로 고글을 썼다. 마치 우주복을 입고 우주선을 타러 가는 것 같은 기분이었다. 그리고 경비행기를 탔다.

나를 실은 비행기는 구름 속을 뚫고 높이 날아갔다. 경비행기 안에는 기장과 비디오 촬영하는 사람, 그리고 나와 같이 뛰어내릴 교관이 있었고, 호주에서 온 샤인과 교관이 앞뒤로 앉아 있었다. 경비행기는 고도를 더 높였다. 4,200m에 도달했다. 교관이 내 뒤에 앉아 나와 밀착이 되게 안전 장치를 조정한 다음 등 뒤에서 내 몸을 조금씩 문 쪽으로 민다. 갑자기 나의 심장 뛰는 소리가 크게 들렸다.

드디어 문 앞에 두 다리를 걸치고 앉았다. 바람이 불어 내 다리가 흔들린다. 교관이 "Are you ready?" 한다. 나는 그 말과 동시에 침을 꿀꺽 삼켰다. 그리고 "One, Two, Three"에서 뛰어내렸다. 내 몸은 새가 되어 허공을 날았다. 내 앞에서는 촬영 기사가 같이 날며 촬영하고 있었다.

구름이 내 몸에 와서 부딪히고, 내 몸은 구름을 뚫고 날았다. 끝없는 사막과 숨이 멎을 정도의 풍광이 펼쳐졌다. 낙하산이 퍼지면서 더 높이 올라갔다. 순간 멀미가 난 것 같이 어지러웠다. 하지만 그것은 잠시였다. 나는 그렇게 창공을 20여 분 날았다.

아무 일도 없었던 것 같이 멋지게 해냈다. 기회는 늘 있는 것이 아니었다. 생각해 보면 용기 있게 결정을 내리고 하늘을 날았던 것이 내 일생에 잊히지 않는 기억으로 남게 되었다.

이제는 몸도 예전 같지 않다. 그런데 나의 버킷리스트는 자꾸 늘어나고 있다. 건강이 허락하는 한 떠나고 도전해 보고 싶다.

콜만의 노래

콜만! 콜만은 킬리만자로 트레킹에서 만난 가이드 이름이다.

마랑구 게이트에서 만다라 산장 가는 길을 걷고 있었다. 일행에서 많이 떨어져 천천히 걷고 있었다. 내 뒤에 따라오던 가이드가 괜찮냐고 물었다. 이곳의 규칙대로 천천히 걷고 있다고 했다. 포터를 이끄는 대장 콜만이라고 했다. 콜만의 첫 인상은 날카로웠다. 특히 눈빛이 다른 사람과 달랐다. 부인과 남매를 둔 가장이었고, 28살에 포터 일을 시작했다.

내가 그를 만났을 때는 14년차 포터였다. 계산해 보니 그는 14살부터 포터 일을 한 것이다. 그의 꿈은 컴퓨터 일을 해보는 것이라고 했다. 부인과 아이들은 멀리 살아서 자주 못 본다고 했다. 일이 힘들다는 말도 했다. 정상은 매번 가지는 않지만 이번 트레킹이 마지막이어서 갈 것이라고 한다. 너무 가난해서 시작했는데 이렇게 오래도록 할 줄은 몰랐다고 한다. 자기 밑에서 일하던 포터를 잃었을 때 가슴이 많이 아팠고, 갈등을 많이 했다 한다. 돈의 노예가 되어서 사는 것이 싫다는 콜만의 마지막 한마디가 깊이 와닿았다.

우리 일행 17명 모두 정상에 설 수 있게 해주는 것이 콜만의 바람이었다. 고산에서 빨리 걸으면 고산증이 오고 아무리 잘 걸어도 가이드 뒤를 따라가야만 한다는 규칙을 알려줬다. 가끔 가이드 앞서서 가려는 사람이 있는데 규칙을 어기는 사람이 얼마나 위험한지도 설명했다.

마랑구 게이트 앞에 설치해 놓은 큰 저울은 포터들의 생명을 보호해주는 장치였다. 고산에서의 사고는 네팔 히말라야와 마찬가지였다. 그래도 네팔의 포터들보다 킬리만자로의 포터들의 차림새는 더 나았다. 네팔의 포터들은 짐을 등에 지고 걷지만 이곳 포터들은 머리에 이고 걸었다. 물과 간식만 넣고 걸어도 힘든 길을 포터들은 15kg의 무거운 짐을 이고 걸었다. 힘든 포터 일도 서로 하려고 경쟁이 심하다고 했다. 누구에게는 일생에 한 번 오는 곳이지만 포터들에게는 일상일 뿐이었다.

콜만은 말도 크게 안했다. 포터들은 콜만의 눈빛 하나만으로 움직였다. 대장답게 품위를 지키면서 움직이게 했다. 포터들은 음식 담당과 짐을 나르는 담당으로 업무가 나뉘어져 있었다. 정상을 가는 포터들도 따로 정해져 있었다. 콜만은 무전기를 들고 앞에도 서고 뒤에서도 걸으면서 우리 일행을 보호했다. 호롬보 산장에서 키보 산장 가는 길에서 부부가 포기하고 내려갔다. 콜만이 안타까운 표정을 지었다. 따뜻한 콜만의 마음이 느껴졌다.

4,800m 키보 산장에서 정상으로 올라가는 새벽에 천지가 캄캄했다. 하늘의 별조차 없었다. 완전무장을 하고 나섰지만 바람이 불어 몹시 추웠다. 불어오는 칼바람에 눈물, 콧물, 입김마저 얼어붙어 얼굴을 쪼여왔다. 배에 가스가 차기 시작했다. 고무풍선에 바람을 넣은 것같이 불

러왔다. 가스를 배출하라고 해서 뒷사람 생각하지도 않고 내보냈다. 그곳이 5,000m였다. 고소증세였다.

선두에 서서 가던 콜만이 핸스메이어라는 바위 앞에서 쉬게 했다. 열심히 산다고 자기 소개를 했던 T가 졸려서 못 걷겠다고 누워버렸다. 죽어도 못 간다고 했다. 콜만은 힘을 내자고 일행들을 독려했다. 한 사람씩 등을 두드리면서 힘을 넣어주었다. 콜만이 최선을 다하는 모습이 보기 좋았다.

나도 손발이 시려오고 온몸이 떨리기 시작했다. 그때 앞서가던 콜만이 노래를 불렀다. 콜만의 노래는 우렁차게 밤공기를 타고 멀리 멀리 퍼져 나갔다. 포터들이 한마디씩 뒤따라가며 불렀다. 휘청거리던 다리에 힘이 생겼다. 멍했던 머릿속이 맑아졌다. 그들만의 노래였다.

콜만은 15명을 정상에 서게 했다. 나는 킬리만자로의 빙벽을 보면서 생각했다. 포터들의 삶을 책임져야 할 빙벽은 영원히 녹지 말아야 한다고.

부러진 스틱
- 러시아 엘브르스 산행을 마치고

보드카 술병들이 하나씩 비워졌다. 일행들은 눈 폭풍 속에서 살아남은 마음을 술로 달래고 있었다. 흰 눈에 반사되어 타버린 콧등과 양쪽 볼이 붉다 못해 까맣다. 모두들 죽었다고 생각했던 내가 다시 살아 돌아온 것을 기적이라고 했다. 술잔을 비우며 한숨들을 내쉬었다. 일행에게 미안하여 아무 말도 하지 못했다. 죄인 같이 조용히 앉아 이야기를 들을 뿐이었다. 술잔이 비면 다시 채워서 마신다. 눈 폭풍 속에서 사투를 벌인 이야기를 끊임없이 이어갔다.

2013년 8월 소련 코카서스산맥에 위치한 5,620m 엘부르스에 도전했다. 산악인들은 나를 포함해 여섯 명이었다. 우리는 킬리만자로 등반 때 만났다. 육십 중반이 넘은 할아버지들과 할머니들이다. 킬리만자로 등반에 성공한 우리는 겁도 없었다. 젊은 사람들보다 도전 정신이 강했다. 어디를 가든지 다 해낼 수 있다는 자신감이 있었다. 사람들은 우리에게 정신이 나갔다고 했다.

전문 산악인들이 신는 등산화를 신었다. 위험할 때 서로를 연결하는 안전벨트도 착용했다. 나는 핫팩을 옷 속의 등과 배에 붙였다. 그리고 새벽 2시 반에 정상을 향해 떠났다. 하늘에는 별이 총총했다. 설상차는 우리를 3,900m에서 4,100m 되는 곳에 내려주었다. 설상차에서 내리니 바람이 느껴졌다. 그다지 세찬 바람은 아니었다. 이 정도 바람이야. 모두들 대수롭지 않게 생각했다. 산행하다 보면 흔히 겪는 일이라 별로 신경 쓰지 않았다.

눈을 몰고 오는 바람은 고도가 높아갈수록 세차게 불었다. 나는 여기가 몇 미터냐고 물었다. 가이드는 해발 5,100m라고 한다. 갑자기 변한 기후에 손을 쓸 수가 없었다. 몸도 가눌 수가 없어 넘어지기를 반복했다. 고글은 입김에 얼어버렸다. 앞 사람만 보고 걸었다. 한 치 앞이 보이지 않았던 긴장된 속에서 허우적거렸다. 시속 40km의 강풍이었다. 눈보라 속에서 선글라스와 고글이 날아갔다. 이마에 걸쳤던 헤드 랜턴도 날아갔다.

그때 스틱이 부러졌다. 중심을 잡으려고 했지만, 몸이 내 마음대로 되지 않았다. 눈 폭풍은 나를 내버려두지 않았다. 눈밭에 수없이 주저앉았다. 온 힘을 다해 앞 사람의 발자국을 놓치지 않으려고 했다. 하지만 힘이 빠져버린 나의 걸음은 앞 사람을 따라갈 수가 없었다. 어느 순간 발자국이 보이지 않았다. 놓쳤다. 아무것도 보이지 않았다. 김이 서려 얼어버린 고글은 아무것도 볼 수 없게 했다. 중심을 잃은 내 몸이 날아갔다. 짧은 시간이었지만 내 몸이 깃털 같았다. 얼마나 굴렀을까. 내가 떨어진 곳에는 아무것도 보이지 않았다. 강하게 몰아치는 바람 소리만 들릴 뿐이었다. 사방을 둘러보아도 온통 하얗다. 나는 하얀 벽 속에 갇혔다. 시간이 얼마나 흘렀는지 알 수가 없었다. '이렇게 산에서 죽을 수도 있겠구나'라는 생각과 함께 산에서 죽어간 사람들의 사연이 스쳐갔다. 그때 가이드 빅토르가 나를 찾아왔다.

일행들은 날씨 예보를 정확하게 챙기지 않았던 가이드에게 책임을 돌렸다. "나쁜 놈들"이라고 혀 꼬부라진 소리로 떠들었다. 일행 중 K는 엘브르스에 오기 전에 건강 검진을 했다. 그때 담당 의사는 이렇게 말했다고 한다.

"아니, 노인분들이 엘브르스 가는 것은 무리예요. 일행 중 한 사람이 죽어야만 가지 않으실 것 같은데요."

모두 의사 말이 맞았다고 했다. 그나마 살아온 것이 다행이라고. 아쉬움이 남는지 운이 나빠 정상에 못 오른 것이라고 입을 모았다. 휘영청 밝은 달빛이 창문을 넘나들며 추위에 얼었던 마음을 감싸 안았다. 일행들은 술잔이 비면 다시 채웠다. 같은 이야기를 반복했다. 성이 차지 않나 보다. 누가 먼저라고 하기 전에 우리는 어깨동무를 했다. 술에 취해 노래를 부르며 울었다. 송창식의 '우리는'이라는 노래를 혀 꼬부라진 소리로 계속 불렀다.

우리는 빛이 없는 어둠 속에서도 찾을 수 있는

우리는 아주 작은 몸짓 하나라도 느낄 수 있는

우리는 소리 없는 침묵으로도 말할 수 있는

우리는 마주치는 눈빛 하나로 모두 알 수 있는

우리는 우리는 연인

노래를 부르는 얼굴은 눈물과 콧물이 범벅이 되어 흘렀다. 닦지 않앉다. 방 한쪽에는 빈 술병들이 뒹굴었다. 노래는 끝날 줄 몰랐다. 일행들은 내가 기적적으로 살아온 것에 감사한다고 했다. 만약 정수 씨가 설산에 묻혀 죽었다면 자기들은 살아가며 죄인이라는 생각을 떨치기가 힘들 것이라고 했다. 죄책감에 좋아하는 산도 가지 못하고 살았을 것이라고 했다.

술을 못 마시는 나도 그날만큼은 술을 마시고 싶었다. 술을 못 마시는 것이 안타깝기만 했다. 우리는 자정이 넘었는데도 잠잘 생각을 하지 않았다. 아직 이야기가 끝나지 않았기 때문이다. 이제 이야기는 과거와 현재와 미래를 넘나들고 있었다. 때로는 울고 때로는 웃었다. 창밖의 모든 것들이 숨죽이고 우리를 보고 있었다. 살아서 돌아온 우리가 흘리는 눈물을 밤이 거두어갔다. 달도 검은 구름 속으로 들어갔다. 하늘이 금방이라도 굵은 눈물을 흘릴 것 같았다.

캠프라인 헌 등산화
- 쿰부 히말라야 남체에서 고쿄리 가는 길

　설산에서 부는 바람은 매서웠다. 옷을 비집고 들어오는 한기는 피할 수가 없었다. 허벅지까지 패인 빙하의 좁은 길은 겨우 한 사람만 걸을 수 있었다. 빙하 위로 이어진 외길은 마치 검은 선을 그어놓은 것처럼 끝이 보이지 않았다. 방수 기능이 없어진 헌 등산화는 이미 다 젖어버렸다. 발끝이 얼어와 감각이 없다. 그나마 다행인 것은 아이젠은 얼음을 뚫고 들어가 나를 안전하게 지켜주었다. 그랬다. 얼음 위를 걸을 때는 견딜만했다. 하지만 돌이나 모래길 위에서는 무릎이 시큰거리고 아파 절룩거렸다.

　2014년 3월 30일 히말라야 트레킹을 떠났다. 루크라해발 2,700m, 남채3,440m, 고쿄리5,360m, 촐라패스5,330m를 넘어 칼라파트라5,550m까지 갔다 오는 15일의 일정이었다. 떠나기 전에 신고 가야 할 등산화를 결정해야만 했다. 두 켤레의 등산화를 놓고 고심했다. 새로 산 것과 오래 신었던 캠프라인 헌 등산화였다. 새로 산 것은 오래 걸으면 발이 아플 것 같았다. 헌 등산화를 신으면 발은 편해도 많이 닳아서 위험할 수 있다. 며칠을 고민한 끝에 발이 편한 캠프라인 헌 등산화를 신고 갔다.

쿰부 히말라야 트레킹 출발점인 루크라에서 남채까지 가는 길은 걸을만했다. 하지만 남채에서 고쿄리로 가는 길은 험했다. 겨우 한 사람이 다닐 수 있는 좁은 길이었다. 한쪽으로는 끝이 보이지 않는 낭떠러지다. 계곡에서 불어오는 바람이 몸을 휘감고 지나가면 중심이 흔들리곤 했다. 자칫 잘못하면 절벽 아래로 떨어지기 쉽다. 계곡 밑으로 흐르는 물줄기는 실낱 같이 가늘었다. 그렇게 험한 길 위로 짐을 잔뜩 실은 야크와 조랑말들이 줄지어 가고 있다. 겁먹은 나를 마치 조롱이라도 하듯이 잘도 걷는다.

길은 점점 고도를 높여갔다. 산소가 부족해진 탓에 숨쉬기가 힘들었다. 길은 돌과 모래가 섞여 있다. 오르막길에서 내 등산화는 그런대로 잘 버텼다. 하지만 내리막길에서는 작은 돌들도 이겨내지 못했다. 방심하면 여지없이 쭉 미끄러졌다. 어쩌다 미끄러지면 머리카락이 하늘로 뻗치고 등줄기가 뻐근해 왔다. 언덕을 한 번 넘고 나면 긴장감에서 벗어난 두 다리는 후들거렸다.

그렇게 12km를 걸었다. 잠시 쉬어가는 돌레Dole에 도착했다. 이미 4,480m에 이른 것이다. 설산이 병풍처럼 돌레 마을을 에워싸고 있었다. 길 양쪽으로는 돌로 쌓아 만든 다섯 채의 집이 있을 뿐이다. 추녀 아래 쌓아놓은 장작더미 위에는 양말과 옷가지 등이 널려 있었다. 내 머리 위에서 인기척이 났다. 올려다보니 언덕 위에 네 명의 아이들이 쪼그리고 앉아 나를 내려다보고 있었다. 여러 가지 색으로 뜬 알록달록한 털모자를 모두 쓰고 있다. 그 모습이 설산과 어우러져 한 폭의 그림 같았다.

양지바른 집 앞에는 일행들이 모여 있었다. 신발을 벗고 발에 물집이 생겨 아프다며 밴드를 붙인다. 한쪽에서는 커피를 나누어 마시고 있었다. 커피 한 잔을 받아 양지바른 곳을 찾아 앉았다. 한 모금 마셨다. 잔뜩 옹그렸던 몸이 기지개를 켠다. 평소에 커피를 마시면 잠을 못 잔다. 그래서 마시지 않았던 커피인데 그날따라 커피 향이 별스럽게 진하고 고소했다. 양말을 벗고 벽에 비스듬히 기대고 앉았다. 설산의 바람이 발을 스치고 지나갔다. 발가락에 힘을 주어 부채꼴처럼 벌렸다. 시원하다.

웅성거리는 소리에 눈을 떴다. 설핏 잠이 들었나 보다. 일행들이 떠날 채비를 한다. 뻗었던 다리를 오므렸다. 힘들게 버텨온 발가락과 종아리에 작은 경련이 일어났다. 미끄러지지 않으려고 다리에 잔뜩 힘을 주고 걸었기 때문이었다. 종아리에 뭉친 근육을 풀었지만, 여전히 뻐근했다. 이제 등산화를 신고 걷는 것에 한계가 왔음을 알았다. 하지만 어쩌겠는가. 다시 등산화 속에 발을 구겨 넣고 일어나 한 발짝 내디뎠다. 다리가 모래주머니를 매단 것 같이 무거웠다.

앞으로 마르체모를 거쳐 고쿄리까지 7.5km를 더 걸어야 한다. 나는 어쩔 수 없이 배낭에서 아이젠을 꺼내 등산화 위에 신었다. 일행들은 눈길도 아닌데 아이젠을 착용하는 나를 힐끗힐끗 쳐다본다. 우는 놈도 속이 있어 우는데, 남의 속도 모르고 왜 아이젠을 하느냐고 빤히 알면서도 묻는다. 할 말이 없어 그냥 씩 웃어넘겼다. 누가 뭐라고 해도 신경 쓰지 않기로 했다. 사실 맨땅에서 아이젠이 어울리지 않는 것을 나도 잘 알고 있다. 하지만 불안감에서 벗어날 수 있다는 생각에 마음이 놓였다.

언덕길에서 아이젠을 벗었다. 발이 날아갈 것 같이 가벼웠지만 비탈길에서는 다시 신었다. 그렇게 신고 벗는 것을 여러 번 반복하다 보니 나중에는 손도 시리고 귀찮아졌다. 게다가 꽁꽁 언 손으로 신고 벗을 때는 실랑이를 하느라 시간도 오래 걸렸다. 등산화를 확 벗어 집어던지고 맨발로 걷고 싶었다. 그렇게 하는 사이에 일행들은 멀리 가버리고 보이지 않았다. 나는 뒤처져서 혼자 걸었다. 내 뒤로 검은 구름이 조금씩 얼굴을 내밀기 시작했다. 폭설이 내리면 눈 속에 묻히는 것은 시간문제라고 생각했다. 그때 멀리 타르쵸가 바람에 날리는 것이 보였다. 고쿄리다. 나는 적군에 쫓기는 패잔병같이 있는 힘을 다해 걸었다.

일흔 살의 가출

　전철을 탔다. 창밖에 눈이 조금씩 휘날린다. 펑펑 쏟아지면 속이라도 후련해지련만 내리다 그칠 것만 같다. 자리가 있었지만 앉고 싶지 않았다. 뺨 위로 흐르는 눈물은 닦아도 쉴 새 없이 흘러내렸다.
　갇혀 있던 공간에서 벗어났다. 하지만 마음은 편하지 않았다. 문을 박차고 나올 때 내 이름을 부르던 어머니의 애절한 목소리가 귓가에서 맴돈다. 떨쳐버리려고 고개를 흔들면 흔들수록 귓속으로 강하게 파고들었다. 많은 세월을 참아왔는데……. 후회하는 마음도 있었다. 한 번 더 참을 걸……. 하지만 한편으로는 홀가분했다.
　어머니는 선천적으로 몸이 약했다. 나는 어린 시절에 자주 아픈 어머니가 싫었다. 친구 어머니들의 건강한 모습을 보면 늘 부러웠으니 말이다. 그런 어머니를 보며 머릿속에 새긴 말이 있었다. '이다음에 나는 몸이 아픈 엄마로 살지 말아야지.' 억지로 되는 일은 아니었지만, 늘 그런 마음을 품고 살았다.
　어머니는 쉰일곱 살에 유방암 판정을 받았다. 유방암 3기였다. 의사의 권유로 왼쪽 유방 절제 수술을 받았다. 그 일로 제일 충격받은 사람은 아버지였다. 어머니를 살리려는 아버지의 집념은 처절하리만큼 강했다. 암에 좋다는 모든 것을 구해왔다. 제주도에 사람을 보내 백년초 뿌리를 구해오는가 하면 몸에 좋다는 인삼, 영지버섯, 능이버섯, 상황버섯 등을 달여 어머니에게 주었다.

사십 년 전만 해도 암에 걸리면 다 죽는다고 생각했다. 맏딸인 나도 어머니를 살리고 싶었다. 어렵고 힘든 상황에서 내가 잘해야만 한다는 생각에 어깨가 무거웠다. 그리고 투병 생활을 하며 괴로워했던 어머니의 모습을 옆에서 다 지켜보았다. 항암 치료로 어머니의 얼굴은 누렇게 변하고 통통 부었다. 어머니가 누웠다 일어난 베개 위에는 머리카락이 수북했다. 손톱과 발톱이 검게 변해 으스러져 갔다. 속이 메스껍다고 열무김치 국물에 국수를 말아 힘들게 드시던 어머니였다.

그런 어머니에게 일주일에 한 번씩 갔다. 자식들과 지내다 보면 일주일은 눈 깜짝할 사이에 다가섰다. 어머니를 살려보려고 몸에 좋다는 음식을 만들어 등에 메고 다녔다. 그렇게 하기를 32년, 마음 다치는 일이 있어도 참아내면 시간이 해결해 주곤 했다. 내가 할 일에서 핑계 댈 줄도 모르고 묵묵히 해왔다. 가끔은 어머니 보살피는 일에서 벗어나고 싶을 때도 있었다. 가고 싶은 곳과 하고 싶은 것이 많아서였다. 하지만 세월은 나를 기다려주지 않고 빠르게 지나갔다. 벌써 내 나이가 칠십이 다 되었으니 말이다.

어머니는 눈에 띄게 쇠약해졌다. 나는 2년을 어머니 곁을 떠나지 않고 지켰다. 동생들은 바쁘다며 토요일이나 일요일에 잠깐 왔다 가면 그만이었다. 자식들 출가시키고 혼자 지내는 내가 당연히 할 것으로 생각하고 있었던 것 같다. 그저 만만한 것이 누님이고 언니다. 이해하다가도 나도 사람인지라 나만 자식인가? 슬그머니 억울하고 속도 상했다.

의사는 어머니가 먹고 싶어 하는 것은 다 해주라고 한다. 밀가루로 만든 음식을 좋아했던 어머니. 그나마 국수와 부침개는 조금씩 드셨다. 아버지는 밀가루가 몸에 해롭다고 안 된다며 고집을 피웠다. 물론 몸에 좋지 않다는 것을 안다. 하지만 먹고 싶은 것을 조금 먹으면 어머니 표정이 살아났다. 그 모습이 좋아 아버지 몰래 어머니가 먹고 싶다는 것을 틈틈이 만들어드렸다.

문제는 의사 말을 믿지 않는 90세인 아버지였다. 민간요법으로 어머니를 살리겠다고 늘 의학 백과사전을 옆에 두고 공부했다. 여러 신문에 나오는 건강에 관한 것을 오려 노트에 붙였다. 그리고 몸에 좋다는 것은 다 사 왔다. 어머니를 살리려는 아버지의 마음을 이해 못하는 것은 아니었다. 아버지와 어머니는 칠십 년을 살면서 미운 정 고운 정 다 든 부부가 아닌가. 아버지는 몸이 아픈 어머니에게 의지했고, 늘 아버지를 감싸고 인정해 주었던 어머니와 헤어지는 것이 두려웠을 것이다. 하지만 정도가 지나쳤다. 어머니가 사이다 마시는 것조차 잔소리를 했다. 사이다가 몸에 좋지 않다고 해서다. 나는 사이다를 김치냉장고에 감춰 놓고 몰래 주었다.

"엄마, 사이다 마시고 싶으면 물 달라고 하세요. 마신 다음에 시원하다고 '캬' 하면 아버지에게 들켜요."

그렇게 어머니와 약속했지만, 마시고 나면 어머니는 잊어버렸다. 거실에 앉아 책을 보는 아버지 뒤통수에 대고 캬……, 시원해서 내는 트림 소리다. 아버지의 눈동자가 매섭게 나에게 와 꽂혔다. 아버지는 내가 간호하는 것을 탐탁해하지 않았다. 망령도 아니고 엉뚱한 소리로 속을 뒤집어놓을 때가 많았다.

충돌이 자주 일어났다. 참고 있으니 스트레스가 쌓여갔다. 창밖에 지나가는 사람들의 모습만 보아도 눈물이 핑 돌았다. 아버지는 나이가 칠십이 된 딸은 전혀 생각하지 않는 것 같았다. 만약 내가 간호를 못 한다고 하면 어머니는 요양병원으로 가든가, 아니면 도우미가 와야 한다. 도우미가 온다 해도 아버지 잔소리에 얼마 못 버틸 것이 뻔했다.

아버지가 외출하셨다. 며칠 전부터 어머니가 먹고 싶다는 라면을 끓였다. 막 한 젓가락을 어머니 입에 넣을 때 아버지가 들어오셨다. 들켰다. 순간 손에 들고 있던 라면 그릇을 놓칠 뻔했다. 큰 잘못을 한 죄인같이 멋쩍고 얼굴이 화끈거렸다. 아니나 다를까 아버지는 몸에 좋지 않은 음식만 만들어준다고 화를 냈다. 간호하는 것이 아니라고 한다.

"넌, 엄마 죽기를 기다리고 있구나."

아버지는 말도 되지 않는 억지 말을 했다. 나는 침을 한번 삼켰다. 어머니는 두려운 눈으로 나만 쳐다보고 있었다. 목으로 넘어가는 침이 쓰고 걸었다.

"너, 당장 짐 싸서 집으로 가."

아버지의 말 한마디가 나의 가슴에 총알이 되어 박혔다.

"그래요. 아버지가 다 하세요."

나는 울며 가슴에 응어리로 남았던 것을 퍼부었다. 짐을 싸는 손등 위로 눈물이 쏟아져 내렸다. 온몸이 부들부들 떨렸다. 정신마저 혼미했다. 가지 말라고 애원하는 어머니의 목소리를 뒤로하고 현관문을 부서져라 '꽝' 닫았다. 힘든 벽을 깨고 나왔다.

집이 아닌 다른 곳으로 가고 싶었다. 갈 곳이 없었다. 눈물로 얼룩진 뺨을 겨울의 찬바람이 스치고 지나갔다. 어디로 가야 하나? 지치고 힘들었던 나를 어루만져 주는 곳을 찾아가야 했다.

떠나자. 어디로 가면 좋을까? 이왕이면 아주 멀리 가야지.

언젠가 TV에서 보고 죽기 전에 꼭 가보고 싶었던 곳, 파타고니아가 생각났다. 그래, 바로 거기였어. 지구 반대편 남아메리카 대륙 끝에 위치한 파타고니아로 마음을 정했다. 하루빨리 떠나고 싶었다. 한편으로는 혹시 내가 없는 동안 어머니가 세상을 뜨면 어쩌나 하는 걱정도 되었다. 어머니를 생각하는 마음이 나를 잡고 놓아주지 않았다. 어금니를 깨물고 마음이 변하기 전에 여행사에 전화했다.

며칠 후, 내 몸을 실은 비행기는 땅을 박차고 올랐다. 그리고 내가 사는 이곳에서 가장 먼, 지구의 끝 파타고니아로 향했다.

W트레킹의 마지막 피츠로이

"똑똑똑."

내 방 노크 소리에 시계를 보았다. 아침 6시 30분이다. 파타고니아 W트레킹에서 마지막 코스인 피츠로이Fitz Roy, 해발 3,405m산을 오르는 날이다. 문을 열고 보니 가이드 다데오가 카키색 등산복 차림으로 서 있다. 173cm쯤 되는 키에 30대 초반이다. 나를 보더니 곤란한 표정을 짓는다.

"I'm sorry Madam. It's impossible to go to the Fitz Roy."

내 아픈 발로는 피츠로이 가는 것이 불가능해 포기하라는 말이다. 이유는 일행 모두가 저녁 만찬을 하려면 오후 4시까지 숙소에 도착해야 한단다. 순간 나는 속이 상했다. 다데오에게 내가 여기에 어떻게 왔는지 아느냐고 소리를 지를 뻔했다. 병석에 계신 어머니를 두고 뛰쳐나와, 10년을 꿈꿔 온 곳에 왔다. 무거운 마음을 안고 아픈 발로 14kg의 배낭을 메고 걸었다. 그런데 마지막 여정을 포기하라고? 그렇지만 나는 저녁 만찬에도 참석하고 싶었다. 걱정된 일행들이 괜찮겠느냐고 물어

왔다. 나는 입을 꾹 다물었다. 피츠로이를 가야 한다고 마음을 굳혔다.

파타고니아는 남미 아르헨티나와 칠레 남쪽에 걸쳐 있다. 나는 침낭 외에 트레킹에 필요한 장비를 메고 115km를 걷는 5박 6일의 트레킹을 선택했다. 걷는 길이 W 모양이라서 W트레킹이라는 이름이 붙여졌다고 한다. 칠레 토레스 델 파이네 국립공원을 주로 걷는다. '칠레노 산장'에서 시작하여 '토레스 삼봉', '꾸에르노스 산장', '이탈리노 캠프', '프란세스 계곡', '파이네 그란데 산장', '페리토 모레네 빙하', '그레이스 빙하' 마지막 알젠틴 숙소에서 자고 피츠로이를 갔다 오는 여정이다.

칠레노 산장을 떠나 8km쯤 걸을 때 오른쪽 발이 아팠다. 땅에서 떨어질 때마다 발바닥을 옥죄는 통증이 느껴졌다. 발을 떼는 것이 두려웠다. 차라리 발을 끌고 걷고 싶었다. 전날 토레스 삼봉을 무리하게 올라갔다 온 것이 화근이었다. 토레스 삼봉은 W트레킹 구간 중 하나이다. 2,000m가 넘는 우뚝 솟은 화강암 바위 세 개가 나란히 있어 삼봉이라고 한다. 가이드 다데오를 따라 11명의 일행 중 6명이 칠레 산장에서 오후 1시에 출발했다. 46세의 여자 사진작가, 60대 중반 부부, 30대 남자와 여자, 그리고 나였다. 나머지 다섯 사람은 피곤하다며 숙소에 머물렀다.

삼봉을 오르는 길은 가파르고 돌이 많았다. 숨 쉴 시간도 주지 않았다. 히말라야 고산 길 걷는 것보다 더 힘들다고 생각했다. 토레스 삼봉 전망대에 올랐을 때는 오후 5시였다. 날은 저물고 있었지만 약간의 잿빛이 하늘에 남아 있었다. 삼봉 밑으로는 빙하가 녹은 쪽빛 호수가 있었지만 여유롭게 즐길 시간은 없었다. 낯선 산에서의 어둠은 모두를 당황하게 했다. 나는 일행을 놓칠세라 쉴 틈이 없이 하산했다. 등산화 속에 들어간 작은 돌을 꺼낼 시간도 없었다. 산장에 도착한 시간은 밤 8시 30분. 그제야 내 오른쪽 발가락 밑으로 손가락 두 개를 합친 크기의 물집이 생긴 걸 발견했다. 물집을 터트려 물기를 빼고 반창고를 붙었다.

내가 파타고니아를 선택한 이유는 2005년 8월 남미 5개국(페루, 볼리비아, 칠레, 아르헨티나, 브라질)을 43일간 여행한 적이 있다. 그때 파타고니아를 들리지 못해 꼭 다시 와야겠다고 결심했었다.

엘찬튼 숙소에서 피츠로이를 향해 오전 9시에 출발했다. 스틱에 의존하고 절룩거리며 걸었다. 발이 아픈 나는 한 걸음 옮길 때마다 하나, 둘, 셋, 넷을 세며 걸었다. 조금이라도 고통을 덜고 싶어서였다. 다행히 피츠로이 가는 길은 한국의 산길을 걷는 듯 낯설지 않았다. 소나무 숲길과 야생화로 덮인 넓은 들판길도 걸었다. 마지막 1km만 너덜길이라서 힘들었다. 너덜길을 넘어서자 세계 5대 미봉 중 하나인 피츠로이가 한눈에 보였다. 그 밑에 에메랄드빛의 트레스 호수가 피츠로이를 품고 있었다. 그때가 오후 1시 30분, 나는 부지런히 돌아섰다. 사실 가이드 말을 어기고 왔지만, 저녁 만찬에는 참석하고 싶어서였다.

오를 때는 피츠로이를 본다는 생각에 참고 걸었다. 내려오는 길은 더 힘들었다. 발도 아프고 아프지 않은 왼쪽 다리에 힘이 풀려 후들거렸다. 나는 바위에 걸터앉아 등산화 속에서 발을 꺼냈다. 양말에는 이미 선홍색 피가 굳어 꺼멓게 변해 있었다. 조심스럽게 반창고를 떼고 불어오는 바람에 발을 말렸다. 시원해서 꼼짝하기도 싫었다. 다시 발바닥에 파스를 붙였다. 조금이라도 고통을 줄이려고.

세차게 몰아치는 바람은 윙윙대며 내 몸을 휘감고 지나갔다. 10년을 꿈꾸고 기다렸던 곳에 왔지만, 왠지 커다란 바위가 가슴을 눌러 답답했다. 나가라던 아버지의 단호한 목소리, 병석에서 가지 말라고 애원하던 어머니의 목소리가 바람에 실려 왔다. 뜨거운 것이 목울대를 치고 올라왔다.

그렇다. '병석에 노모를 뿌리치고 왔으니 벌 받는 거라고, 내가 겪고 있는 고통은 이미 준비된 여정이었는지 모른다고. 더 많은 고통을 받아야 한다'고. 한편으로는 '아냐, 난 정말 그럴 수밖에 없었어. 이곳에 오지 않았다면 난 미쳐버렸을 거야. 누구라도 내 입장이었다면 그랬을 거야' 하며 스스로를 모질게 자책하며 걸었다. 마치 가벼운 형량을 받으려는 죄인처럼 그랬다.

비록 일행과 1시간 뒤처지기는 했지만 왕복 12km를 무사히 걸었다. 8시간을 걷고 내가 숙소에 도착한 시간은 오후 5시, 숙소는 조용했다. 그래도 누군가 나타나 발이 어떠냐고 물을 것만 같았다. 위로받고 싶었지만, 저녁 만찬에 참석해서 일행이 있을 리 없었다. 왠지 쓸쓸하고 허전했다. 양지바른 의자에 앉아 양말을 벗었다. 오른쪽 발바닥에 붙인 파스 두 장이 뭉그러져 있었고, 그 밑으로 손가락 두 개 크기의 선홍색 속살이 드러나 있었다. 한숨을 쉬며 중얼거렸다. 그래도 탁월한 선택이었어. 마음은 천근이었고, 발은 아팠지만 탁월한 선택이었다고.

아비스코의 사우나
- 스웨덴 쿵스레덴을 걷다

　쿵스레덴 트레킹 115km를 완주하고 마지막 숙소인 아비스코 캠프장에 도착했다. 주위를 돌아본 나에게 Y는 사우나를 하자고 한다. 나는 조금 전에 갈대숲 사이로 옷을 걸치지 않은 젊은 남자를 보았다. 양동이에 물을 담아 사우나 쪽으로 오고 있었던 것을 본 후라서 가슴이 뛰어 선뜻 대답을 못 했다.

　Y는 사우나를 꼭 하고 싶다며 내가 가지 않으면 혼자서라도 간다고 했다. 나는 6일 동안 땀과 먼지로 뒤범벅이 되었던 몸을 사우나 건물을 보는 순간 씻고 싶었다. 기회가 주어졌을 때 해보자는 생각이 망설이는 약한 마음을 누르고 강하게 올라섰다. 나는 대답했다. 가봅시다.

　옷을 하나씩 벗었다. 몸에 걸치고 있었던 무거운 것들이 벗겨지자 몸이 가벼워졌다. 물로만 씻어도 날아갈 것 같았다. 사우나실로 들어가는 문 앞에 섰다. 막상 들어가려 하니 창피하고 쑥스러운 마음에 벗은 몸이 자꾸 웅크려졌다. Y와 나는 서로 먼저 들어갈 것을 원했다. 결국 우리는 망설이다가 하나, 둘, 셋 할 때 문을 열고 같이 들어가기로 했다. Y는 해외 산행을 8년 동안 나하고 같이해온 소아과 여자 의사다.

문이 열렸다. 나도 모르게 옹크리며 두 손으로 가슴을 가렸다. 모든 사람의 시선을 받으며 젊은 청년이 내어주는 자리에 한 계단 올라가 앉았다. 5평 남짓 되는 공간에는 14명의 사람이 몸이 서로 닿지 않을 정도로 아래 칸과 위 칸에 앉아 있었다. 나는 손과 눈을 어디에 두어야 할지 몰랐다. 가슴을 가리면 아래가 보일 것이고, 아래를 가리자니 늘어져 볼품없는 가슴이 보일 것이다. 쑥스러워서 내 앞에 벽돌로 만들어진 난로만 뚫어지게 쳐다보았다.

사우나실 가운데는 벽돌을 쌓아 만든 높고 큰 네모난 난로가 있었다. 위쪽으로는 난로 뚜껑이 없는지 자작나무 타는 소리가 났다. 자작자작. 조그만 불꽃들이 천장으로 가서 부딪혔다. 벽돌과 벽돌 사이에는 자작나무의 누런색을 띤 진액이 배어 나와 사우나의 진가를 보여주었다. 난로 가장자리를 감싼 물통에서는 뜨거운 수증기가 올라와 사우나실의 온도를 높여주었다. 창밖으로 넓은 캠프장 한쪽에 높게 쌓아 올린 자작나무 장작더미가 군데군데 보였다. 추운 지방에서 자라는 자작나무는 스웨덴 어디를 가도 많이 볼 수 있었다. 스웨덴에서는 자작나무로 건물도 짓고, 다리도 만들고, 땔감으로도 쓰고 수액을 얻고 공예품도 만든다.

Y는 한쪽 어깨로 나를 살짝 민다. 이럴 때는 긴장을 풀고 분위기에 맞게 뻔뻔스러워지자고 한다. 그 말에 용기를 얻어 조금씩 눈동자를 돌려 다른 사람들을 보았다. 나를 쳐다보는 사람은 한 사람도 없었다. 갑자기 내 옆에 앉았던 청년이 벌떡 일어났다. 문밖에 양동이의 물을 들고 들어와 난로 옆 물통에 물을 붓는다. 뜨거운 열이 내 몸에 와서 부딪

했다. 청년은 벗은 몸으로 다시 장작을 들고 들어와 난로 안으로 집어넣었다. 잘 다듬어진 몸의 근육은 움직일 때마다 멋지게 꿈틀거렸다. 보지 말아야지 하면서도 나도 모르게 눈동자는 청년을 따라다녔다. Y가 내 옆구리를 쿡쿡 찌른다. 들어오지 않았으면 분명히 죽을 때까지 후회하며 살았을 거라고 Y가 말했다. 나는 Y의 말이 맞는다고 고개를 끄덕였다.

그때 갑자기 누군가 문을 열더니 비명을 지른다. 그리고 문이 닫혔다. 내 생각으로는 분명히 동양 여자일 거라고 생각했다. 그 소리에 놀란 사우나 안에 사람들이 큰소리로 웃었다. 덩달아 웃기는 했지만, 내 나이에 다 벗고 사우나에 들어오다니. 나도 얼굴이 두껍기는 두꺼웠나 보다. 한번 웃고 나니 긴장감도 풀려 마음에 여유가 생겼다. Y가 "정수 씨, 빨리 창문 좀 봐" 한다. 그곳에는 세 명의 서양 사람들이 다 벗은 몸으로 강물을 담은 양동이를 양손에 들고 나란히 걸어오고 있었다. 눈을 고정하고 볼 수 없어 안 보는 척하며 슬금슬금 보았다. 시간이 흐를수록 자연스럽게 드나드는 사람들의 벗은 모습이 낯설지 않았다.

긴장을 푼 Y와 나는 트레킹으로 다져진 멋진 몸매를 가진 청년을 이야기했다. Y는 칭찬을 아끼지 않는다. 게다가 얼굴도 잘생겨 모델감이라고 덧붙인다. 나를 보며 잘 봐두라고 농담까지 한다. 시간이 흐른 뒤에야 가슴을 가렸던 두 손은 자연스럽게 내려왔다. 웅크렸던 몸도 펴졌다. 부끄럽다는 생각도 점차 흐려졌다. 비로소 사우나 안에서 피로한 몸을 풀 수 있었다. 사우나를 나올 때 Y와 나는 허리를 곧게 펴고 당당하게 걸어 나왔다.

아이슬란드에서 배운 고스톱

"엄마 고스톱 칠 줄 알아?"

딸도 오로라 보는 것을 기다리다 지루했는지 내게 물었다. 다른 사람들이 치는 것은 보았지만, 잘 모른다고 했다. 딸은 가르쳐주면 칠 수 있겠다며 탁자 위에 두툼한 천을 편다. 언제 준비했는지 화투도 꺼내놓는다. 화투장을 펴놓고 고도리, 구사, 피가 어떤 것인지 일러준다. 나는 어깨너머로 몇 번 본 일은 있었지만, 처음이라 이해하지 못했다. 어찌 됐던 나도 지루한 시간을 보낼 겸 배워보기로 했다.

2019년 1월 7일 저녁 10시 30분 무렵 아이슬란드 케플라비크 공항에 도착했다. 비는 이틀째 계속 내리고 있었다. 나는 오로라를 꼭 보고 싶어 아이슬란드에 두 번째 왔다. 처음에는 딸네 가족과 2017년 11월 27일에 왔었다. 12일 동안 아이슬란드에 머물렀지만, 날씨가 좋지 않아 오로라를 보지 못했다. 죽기 전에 꼭 오로라를 보겠다는 욕심 때문에, 독일에 살고 있는 딸을 졸라 다시 왔다. 딸은 엄마와 오붓하게 여행할 수 있어 좋다고 했다. 하지만 힘들게 왔는데 비가 그치지 않아 내심 미안했다.

　숙소는 콘크리트로 지어진 4층 건물이었다. 외벽이 모두 흰색으로 칠해져 있어 눈에 확 들어왔다. 지은 지 얼마 되지 않는 것 같았다. 비에 젖은 벽에서 풍기는 페인트칠 냄새가 콧속으로 스멀스멀 비집고 들어왔다. 엘리베이터가 없어 4층까지 오르고 내리는 것이 불편했지만, 거실에서 발코니로 나가면 하늘과 바다가 한눈에 보였다. 사방이 탁 트여 오로라를 보기에는 적당한 장소였다. 두 면이 유리로 되어 있어 거실에서 아이슬란드의 수도 레이캬비크 시내가 다 내려다보였다. 침실이 두 개, 커다란 거실, 주방이 있는 숙소였다. 드레스룸과 욕실이 침실에 달려 있어 전혀 불편함이 없었다.

　시계를 보니 오후 7시다. 아이슬란드의 겨울은 해가 11시에 뜨고 오후 4시에 진다. 그러니까 7시면 한밤중이다. 딸과 나는 하늘이 활짝 열려 오로라를 볼 수 있나 싶어 자정까지 기다렸다. 그렇게 기다린다고 해서 꼭 오로라를 볼 수 있는 것은 아니다. 날씨가 도와주어야 한다. 나는 하늘이 어느 순간에 열릴지 몰라 카메라를 삼각대 위에 올려놓고, 발코니로 나가는 창문 옆에 세워놓았다.

　"엄마, 처음엔 무조건 짝부터 맞춰 오세요."

　몇 번은 딸이 가르쳐주며 고스톱을 쳤다. 점수를 세는 것도 몰라 딸이 계산해 주곤 했다. 딸은 한 장 내고 뒤집으면 바닥에 깔린 것도 척척 잘 맞았다. 내가 가져오려고 잔뜩 눈독 들였던 걸 귀신같이 알고 싹싹 먹어 갔다. 나는 내고도 먹지 못해 헛손질만 계속할 수밖에 없었다. 딸은 신이 나는지 화투장에 힘을 넣어 짝짝 소리가 나도록 두드린다. 아무리 못한다고 해도 입이 마르고 은근히 약이 올랐다. 치다 보니 두 시간이 훌쩍 지났다. 딸은 한 번쯤 이겨보라고 슬슬 약을 올렸다. 하지만 손을 높이 쳐들고 "아싸아싸" 하며 내리치는 딸을 이길 수 없었다. 창밖에 부는 바람도 모녀가 두드리는 화투장 소리에 넌지시 들여다보고 지나간다.

사흘째 밤이다. 열릴 듯하던 하늘에 검은 구름이 다시 비를 몰고 왔다. 바람이 유리창을 깰 듯이 휘몰아쳤다. 그 밤도 오로라 보기는 다 틀린 것 같았다. 창밖으로 보이는 레이캬비크 시내 불빛이 비바람 속에 희미하게 다가섰다. 하지만 그것도 잠시 머물렀다가 달아났다. 우울해지는 마음을 다른 곳으로 돌려야만 했다. 나는 탁자 위에 천과 화투를 올려놓았다. 이번에는 내가 화투를 치자고 딸에게 덤벼들었다. 엄마는 가르쳐주어도 못 친다며 재미없다고 튕긴다. 소파에 길게 누워 일어날 생각을 하지 않는다. 나는 그런 딸에게 미끼를 던졌다. 네가 오늘도 이기면 원하는 것을 다 해주겠다고 했다. 딸은 누운 채로 이불을 빠끔히 젖히고 한쪽 눈만 뜬다. 그리고 내 말에 솔깃해한다.

"정말? 나, 비싼 것 원할 텐데……. 그래도 괜찮겠시유?"

딸은 못 이기는 척 부스스 일어나 앉았다. 정신 차려야 한다며 딸은 물을 벌컥벌컥 들이켰다.

7점이 나면 스톱하기로 했다. 바닥에 여섯 장을 깔고 열 장씩 가졌다. 점수를 더해서 200점이 먼저 나는 사람이 이기는 것으로 정했다. 나는 오로라고 뭐고 다 잊고 고스톱에 집중했다. 연습했던 것이 있어 내게도 요령이 생겼다. '고' 하라는 딸 말을 듣지 않기로 했다. 7점만 나면 '고'를 하지 않고 끝냈다. 딸은 고를 부르지 않아 재미없어 못 치겠다고 투덜거렸다. 이긴 것을 합한 점수는 내가 105점, 딸은 78점이 되었다.

드디어 나에게 기회가 왔다. 청단에 고도리, 오광, 구사, 고를 세 번

불러 광박, 피박을 씌워 멋지게 이겼다. 딸은 선무당이 사람 잡는다고 너스레를 떨며 거실에서 뒹굴었다. 신문에 날 일이라며 내가 이긴 것을 펴 놓고 사진을 찍는다. 정말 그랬다. 한 번만 다시 하자고 조르는 딸의 목소리를 뒤로하고 나는 발코니로 나갔다. 구름이 바람에 실려 가고 있었다. 나의 두 손은 어느새 깍지를 꼭 끼고 있었다. 내일은 오로라를 꼭 볼 수 있게 해달라고 빌었다.

할머니, 고개 좀 들어봐요

열대어들이 내 곁으로 떼를 지어 다닌다. 손을 뻗으면 잡을 수 있을 것만 같다. 너무 신기해서 감탄사만 "우우"거렸다. 가이드는 물속 난파선의 날카롭게 녹슬어 있는 부분을 피해 우리를 이끌었다. 시간이 얼마나 흘렀는지 알 수 없었다. 갑자기 바닷물 속에 넣은 내 얼굴이 시려 왔다. 12월의 호주 날씨는 한여름인데 바닷바람은 춥게 느껴졌다. 물 밖으로 나오니 바닷바람에 더 추웠다. 다시 물속에 얼굴을 넣었지만, 턱이 떨렸다. 내 몸에 한계가 왔음을 알았다. 물속의 열대어들도 눈에 들어오지 않았다. 빨리 바다에서 벗어나고 싶었다. 춥다며 가이드에게 배로 돌아가고 싶다고 하자, 가이드는 나를 끌고 천천히 배 쪽으로 헤엄쳐 갔다.

2022년 9월, 손자 교육 때문에 호주에서 살고 있는 며느리로부터 전화가 왔다.

"어머니, 저희 한국 들어가면 오시기 힘드니 한 달만 다녀가세요."

"너, 불편하지 않겠니?"

"아녜요. '호'손자 이름가 호주 떠나기 전, 할머니와 추억을 많이 만들고 싶대요. 오시면 스노클링도 같이하고 싶어 해요."

며느리는 미리 예약해야 한다며 하실 수 있겠느냐고 내 의견을 물었다.

"그래. 한번 해보자."

나이 생각을 염두에 두지 않은 나는 수영은 할 수 있어 승낙했다. 그리고 2022년 11월 4일 호주로 떠났다.

우리는 2022년 11월 30일 오전 10시, 브리즈번Brisbane 항구에서 모튼섬Moreton Island, 탕갈루마Tangalooma 리조트로 떠났다. 모래로만 형성된 섬이라 바다와 사막을 함께 즐길 수 있는 곳이다. 난파선 스노클링, 샌드 보드, 야생 돌고래 먹이 주기 등 즐길 것들이 많았다. 브리즈번에서 카페리로 1시간 10분이 걸린다.

도착한 다음 날. 우리는 난파선 스노클링을 하러 갔다. 장비들이 준비된 장소 앞에 여직원이 건강 체크를 했다. 그 뒤로 보이는 커다란 창고 안에는 잠수복이 빼곡하게 몇 줄로 걸려 있었다. 나를 쳐다본 여자는 위아래가 붙어 있는 젖은 잠수복을 건네주었다. 옷은 무거웠다.

"어머니, 옷이 너무 커도 안 되고 작아도 안 돼요. 입어보고 안 맞으면 바꿔 입으셔야 해요."

며느리가 손자를 챙기며 옆에서 귀띔한다.

배는 오후 1시에 떠난다고 방송을 했다. 30분의 여유가 있었지만 마음이 급했다. 옷 입기 사투가 벌어졌다. 다리를 먼저 넣어야 하는데 통이 좁아 한쪽을 끼는데도 쉽지 않았다. 게다가 반팔, 반바지 수영복을 입고 넣으려니 더 들어가지 않았다. 둘러보니 모두들 비키니 차림으로 옷을 입는다. 나는 입었던 반팔 반바지 수영복을 훌러덩 벗었다. 브래

지어와 팬티만 입고 힘을 다해 내 몸을 잠수복 속에 구겨 넣었다.

다음은 오리발을 신으러 가야 한다. 오리발도 산더미처럼 쌓여 있었다. 그 앞에는 발 크기를 재는 조그맣고 네모난 나무판이 있었다. 겨우 두 발만 올려놓을 수 있다. 뒤에는 발뒤꿈치가 밀리지 않게 나무판이 대어져 있었다. 노랑, 빨강, 검정, 파란색, 나무판에 가로로 선이 그어져 있었다. 발판 위에 올라서니 남자는 발판을 내려다보고 내 발에 맞는 오리발을 내어준다. 신어보니 딱 맞았다.

그 옆으로는 커다란 물통 세 개가 있었다. 그곳에는 수북하게 담긴 스노클링 안경과 마우스피스가 물속에 잠겨 있었다. 고르면서 '이거 제대로 소독이 된 건가?' 싶었다. 이 사람 저 사람이 입에 물었던 마우스를 나도 물어야 했다. 께름했다. '이러다가 3년 동안 걸리지 않았던 코로나19를 호주에서 걸리는 것 아닌가?' 하는 생각이 스쳤다. 물론 소독약을 풀어 담가 놓기는 했겠지만, 믿을 수가 없었다. 만약 이곳에서 코로나19에 걸리면 의료비가 비싸 병원에 갈 수도 없었다. 열이 많이 오르면 한국에 돌아가지도 못한다. 이런저런 생각에 겁이 나 망설이고 있었다. 그때 며느리가 준비되셨느냐고 묻는다. 어쩔 수 없이 하나를 골라서 내 머리통에 맞게 끈을 조절했다.

배는 오후 1시 정각에 떠났다. 스노클링 시간은 60분이었다. 수평선 위에 에메랄드빛이었던 바닷물은 난파선 쪽으로 갈수록 검푸르렀다. 깊이가 얼마나 되는지 알 수 없었다. 은근히 겁이 났다. 괜히 한다고 했나? 둘러보니 나 같은 늙은이는 없다. 배에 탄 30여 명의 사람들은 거의 젊은 사람들이다. '물속에 들어가지 말고 배 안에 머물러 있을까? 아냐, 여기까지 와서 포기하면 안 돼.' 나 혼자 속으로 자문자답을 했다. 나와 마주보고 앉은 호주 아주머니들은 배에서 흘러 나오는 음악에 신이 나서 웃고 떠든다. 내심 겁을 잔뜩 먹은 나와는 대조적이었다.

"첨벙."

드디어 검푸른 바닷속으로 들어갔다. 오리발을 신었지만, 깊은 바다에서 중심을 어떻게 잡아야 할지 몰라 당황했다. 구명조끼를 입고 스노클링 마우스를 입에 꽉 물었지만 중심을 잃은 나는 허우적거렸다. 스노클링 호스 속으로 물이 들어와 짠물을 여러 번 삼켰다. 코와 입으로 삼킨 짠물에 식도가 조여오는 것 같았다. 가슴도 서늘해져서 두려웠다. '어머나, 이러다 호주에서 죽는 것 아닌가?' 싶었다. 그때 내 옆으로 다가온 며느리가 물고 있던 내 마우스를 빼내 숨을 쉬게 했다. 바닷속에 잠긴 내 몸은 여전히 허우적댔다. 이런 내 모습을 본 가이드가 구명 튜브를 잡으라고 한다.

구명 튜브는 배가 떠 있는 곳에서 10m쯤 떨어져 있었다. 튜브는 손가락 굵기의 하얀 끈으로 타고 온 배와 연결되어 있었다. 줄을 살그머니 잡고 몸을 곧추세워 중심을 잡았다. 물에 빠진 사람 지푸라기라도 잡는다는 말처럼 내가 그랬다. 몸에 힘을 빼고 오리발을 신은 발을 살살 흔들며 조금씩 움직여 구명 튜브에 안착했다. 물의 깊이를 가이드에게 물었다. 4m라고 한다. 두 손을 튜브에 얹으니 안심이 되었다. 그 후 나는 머리를 물속에 처박고 고개를 들지 않았다.

"할머니, 고개 좀 들어봐요."

손자가 큰소리를 지르는데도 듣지 않았다. 고개를 들면 중심을 잃을 것 같아서 60여 분을 버텼다.

가이드에게 끌려 배에 도착한 나는 오리발 벗을 기운도 없었다. 온몸이 부들부들 떨렸다. 뒤따라온 며느리는 걱정되는지 입술이 파랗게 질려 있었다. 내가 미동도 없이 튜브만 잡고 둥둥 떠 있어서 일 난 줄 알았다며 괜찮으시냐고 묻는다. 대답 대신 고개만 끄덕였다. 배에 오르니 나보다 먼저 승선한 몇몇 사람들이 앉아 있었다. 내 뒤를 이어 사람들이 한 사람씩 배에 올랐다.

  배가 달리기 시작하자 나는 안경을 벗었다. 불어오는 바람이 상큼했다. 바다 위로 내민 흉물스러운 검은 난파선의 모습이 점점 내 시야에서 멀어졌다.

극極과 극極에 서다

 9박 10일의 유럽 자유여행이 끝나는 날이다. 잘츠부르크 비아민 숙소에서 아침 6시에 일어나 부지런히 짐을 챙겼다. 오전에 히틀러 별장을 들러 독일 하일브론Heilbronn 딸 집으로 돌아가야 한다. P와 Y는 열흘이 눈 깜짝할 사이에 지나갔다고 아쉬워한다. 그 소리를 듣고 딸이 의견을 냈다.
 "언니들, 집으로 가는 길에 보여드리고 싶은 곳이 있는데 들려 갈까요?"
 P와 Y는 손사래를 쳤다. 운전을 많이 한 딸에게 미안했나 보다. 딸은 히틀러 별장을 보고 나면 다하우Dachau 강제수용소도 보아야 하는 것 아니냐며 반문한다. 딸이 피곤한 줄 알면서도 딸의 의견에 찬성했다. 왜냐하면 강제수용소를 가본 일이 없었기 때문이었다.
 P와 Y는 나와 탁구를 20년 같이한 지인이다. P는 친척이고, Y는 늘 내 옆의 그림자 같은 사람이었다. 두 사람 나이는 61세다. 내가 독일 딸집에 간다고 했을 때, P와 Y는 같이 갔으면 하는 마음이 있었다. 딸에

게 그들의 마음을 전했고, 딸은 흔쾌히 승낙했다. 두 사람은 20일을 여행하기로 하고 2023년 8월 29일 독일에 왔다. 딸은 승용차에 우리들 짐과 먹을 것을 싣고 독일, 스위스, 오스트리아의 국경을 넘나들며 열흘 동안 같이 여행했다.

오전 7시에 숙소를 떠났다. 히틀러 별장은 독일 쪽 베르히테스가덴 Berchtesgaden 알프스 마을 2,000m 높이에 있었다. 숙소에서 승용차로 30분이 걸렸다. 주차장에 차를 두고 별장이 있는 터널까지 버스로 20분을 이동했다. 버스가 구불구불 이어진 산허리 길을 오를 때, 나는 계곡이 깊어 아찔함에 오금이 저렸다. 내 앞에 앉은 P와 Y는 창밖으로 보이는 경치를 사진에 담느라 분주했다.

버스에서 내리자 반타원형 터널 입구가 보였다. 관광객이 많아 줄을 서서 차례로 들어갔다. 대부분 독일 사람이었다. 바위를 뚫어 만든 터널이라 한기가 느껴져 두꺼운 옷을 입었다. 터널을 10분쯤 걸으니, 100m를 1분에 올라가는 번쩍거리는 황금빛 엘리베이터가 나타났다. 내부도 오래된 청동을 매일 공들여 닦은 것처럼 거울같이 빛이 났다. 1934년에 이런 곳에 화려한 엘리베이터가 있었다니 상상이 되지 않았다.

엘리베이터에서 내리면 돌로 만들어진 별장이 나온다. 지금은 레스토랑으로 일부분 사용되고 있으며 한쪽으로는 나치 당원들이 쓰던 별실이 있었다. 그곳에 올라온 사람마다 사방이 탁 트인 믿기 어려운 풍광에 감탄사를 토해냈다. 우리는 알프스 자락이 한눈에 내려다보이는 의자에 앉았다. 영원할 것이라고 칼을 휘둘렀던 히틀러는 이곳에서 과연 무슨 생각을 했을까? 우리 일행은 잠시 역사 속에서 벗어나 점심으로 싸 온 빵을 먹으며 알프스의 공기를 흠뻑 마셨다.

다하우 강제수용소에 도착한 것은 오후 2시쯤이었다. 수용소는 독일 남부 바이에른주, 마을 중심에 있었다. 히틀러 별장에서 승용차로 한 시간쯤 걸렸다. 1933년 6월에 개설된 수용소는 45만 명의 유대인과 나치 체제에 반대하는 사람들을 수용했던 곳이다. 독일에서는 13세가 되면 학교에서 다하우 수용소를 의무적으로 온다고 한다.

정문 앞에 서니 철길이 눈에 들어왔다. 수많은 유대인과 포로를 싣고 드나들었던 철로다. 지금은 흙이 덮여 드문드문 드러난 철로가 50m쯤 남아 있다. 순간 영화 〈쉰들러 리스트〉가 떠올랐다. 그가 기차역에서 입에 시가를 물고 안타까운 눈으로 아우슈비츠 수용소로 끌려오는 유대인들을 바라보았던 모습이다. 체코 태생의 오스카 쉰들러는 나치 당원이었으며 독일 사업가였다. 그는 유대인 학살을 보고 아픔과 죄책감에 천 명이 넘는 유대인들을 구출했다.

오전에 히틀러 여름 별장을 거쳐서 온 나는 씁쓸했다. 이곳에서 처참한 일들이 벌어지는 동안 별장에서는 만찬을 즐겼으리라 생각하니 어금니에 힘이 주어졌다.

정문에서 5분쯤 걸었다. 오른쪽으로 잠실 축구장 크기보다 조금 작은 운동장이 있었다. 바닥은 마사토로 깔려 있다. 운동장 앞에는 희생된 사람들의 알몸이 엉켜 있는 사진과 줄을 맞춰 부동 자세로 운동장에 서 있는 사람들이 있었다. 이곳을 두 번 방문했다는 딸은 우리에게 자세히 설명해 주었다.

그곳에 끌려온 사람들 몇천 명씩은 비가 오면 비를 맞고, 눈이 오면 눈 속에, 뜨거운 태양 아래 살을 익히며 밤낮을 며칠씩 서 있었다고 한다. 그렇게 견디다 못해 쓰러지면 그들의 몸은 한 줌의 재가 되어 사라졌다. 사람은 신념이 확고해지면 무서운 것이라고 딸이 말끝을 흐렸다.

그날 낮 기온은 영상 33도, 그늘이라고는 찾아볼 수가 없었다. 운동장 북쪽 끝으로 수용자들이 생활했던 막사가 보였다. 우리는 운동장을 가로질러 걸었다. 땅에서 올라오는 열기와 뜨거운 태양에 눈이 부셨다. 나는 눈에 힘을 주고 실눈을 뜨고 걸었다. 양쪽 가슴 사이로 흥건하게 땀이 흐르는 것이 느껴졌다. 그런 곳에 밤낮으로 사람을 세워놓았었다니. 생각하기도 싫어 고개를 흔들었다.

막사의 너비와 크기는 정확히 모른다. 1층으로 나지막하게 있는 막사는 길고 넓었다. 둘러보는데 거의 1시간이 넘게 걸렸다. 우리는 딸의 설명을 들으며 계속 이어진 곳으로 발소리를 죽여 가며 걸었다. 화장실, 공동욕실, 소독시키는 방, 탈의실을 보았다. 마지막 방 앞에는 샤워실이라고 적혀 있었다. 당원들이 샤워할 수 있다며 속이고 살인 가스를 주입한 방이었다. 천장에는 물이 나오는 샤워기와 같은 모양의 가스 구멍이 여섯 개 있었다. 사람들은 샤워기 앞에서 물 대신 독가스를 들이마시며 죽어갔다.

막사를 나오며 P는 2차 세계대전 당시 수용소와 연관된 영화 〈인생은 아름다워〉를, Y는 〈책을 읽어주는 남자〉와 〈쉰들러 리스트〉를 봤다고 했다.

멀리 시신을 화장했던 건물이 보였다. 높은 굴뚝이 있어 쉽게 알아보았다. 반쯤은 숲으로 가려져 있었다. 막사를 나온 우리는 15분을 걸었다. 그곳에는 시체를 넣어 태웠던 10개의 기구와 벽에 붙은 스위치가 시신을 넣는 곳 벽면에 있었다. 몇 볼트짜리 스위치인지는 모르지만,

책 크기만 했다. 손때가 묻은 흔적이 그대로 있어 그때의 끔찍했던 일을 증명하고 있었다. 많은 사람이 보고 있었지만, 숨소리조차 들리지 않았다. 속이 울렁거려 밖으로 나왔다. 딸과 P도 내 뒤를 따라 나왔다.

"엄마, 저 집들 중에 서너 집은 그 당시부터 있던 집이에요."

딸이 담장 너머로 붉은색 지붕이 드문드문 있는 곳을 가리켰다.

"그렇다면 이 마을에 살았던 사람들은 이곳에서 일어나고 있었던 일을 몰랐을까? 매일 시체를 태우는 냄새가 진동했을 텐데. 무슨 생각을 하고 어떻게 살았지?"

"어쩔 수 없이 모른 척했겠죠? 엄마, 너무 깊이 생각하지 마세요."

딸과 Y가 내 앞으로 부지런히 걸어간다. 나를 뒤따라오던 P가 괜찮냐며 내 손을 잡았다. 해는 서쪽으로 기울고 운동장엔 조용히 어둠이 내린다. 극極과 극極에서 희생된 영혼들을 잠재우고 있었다. 딸의 자동차 엔진 소리가 들린다.

제4장

그립다는
말조차 아득한

그때 그 시절에는

아버지는 초등학교 선생님이셨다. 2년에 한 번씩 전근을 다니셔서 나는 세 개의 초등학교를 거쳐 졸업했다. 1학년과 2학년은 청룡초등학교, 3학년과 4학년은 사강에 있는 마산초등학교, 5학년과 6학년은 비봉초등학교에서 공부했다. 모두 경기도 화성시에 있는 학교였다. 친구들과 정들만하면 전학을 가서 초등학교 시절의 친구가 없다.

나는 5남매의 장녀로 태어났다. 남동생이 두 명, 여동생이 두 명 있다. 동생 세 명은 내 등에 업혀서 자랐다. 내 등이 조금 편해질만하면 동생이 생겼다.

여덟 살이 되던 해 봄, 아버지는 청룡초등학교 교감 선생님으로 부임하셨다. 우리 가족은 학교 안에 있는 관사에 살았다. 학교는 가까워서 좋았지만, 집에 오면 늘 동생을 돌보아야만 했다. 내 등에는 항상 동생이 업혀 있었다. 마음대로 뛰어놀지도 못했다. 나는 동생 봐주는 것이 싫어서 동생 없는 친구들이 부러웠다.

친구들의 집은 고개를 넘어가야 있었다. 학교 수업이 끝나면 조금 놀다가 다 가버렸다. 동생이 없었다면 친구들을 따라가 산 너머 마을에서 놀다 오고 싶었다.

우리 반에 P라는 친구가 있었다. 자기 집에 가자고 해서 동생을 데리고 몇 번 갔었다. 산 너머 새말이라는 마을에 살았다. 그 동네에는 친구가 3명 더 있었다. P는 공부도 잘했고 키도 컸다. 우리 반 여자아이 중에서 제일 컸다. 시골 아이답지 않게 하얀 피부를 가지고 있었다. 코를 많이 흘려서 코찔찔이라고 남자아이들이 놀렸다. 그래도 화내는 것을 본 일이 없었다. P도 남동생이 있었다. 옆집 아주머니가 봐주셔서 항상 자유로웠다. P가 부러웠다. P와 마음이 잘 맞았다. 그래서 새말 동네에 가서 노는 것이 즐거웠다.

새말에 놀러 가고 싶어서 가려고 하면 네 살 난 여동생이 따라나섰다. 언니 따라간다고 소리 지르고 울었다. 어머니는 동생 안 데리고 가려면 가지 말라고 하셨다. 그래서 친구들과 놀고 싶을 때는 동생과 함께 나섰다. 동생이 걷다가 업어달라고 떼를 쓰면 목화밭에 들어가서 목화송이를 따서 먹게 했다. 목화꽃이 피기 전의 목화송이 맛은 달콤하면서 부드럽고 물이 많았다. 동생은 목화송이 먹는 것을 좋아했다. 나도 좋아했다.

새말에 가면 P네 집에 제일 먼저 갔다. 동네 사는 친구들을 불러모았다. 그리고 뽕나무밭으로 갔다. 탐스럽고 새까만 오디가 열려 있었다. 달고 맛있었다. 동생도 먹느라고 보채지 않았다. 손과 입이 새까맣게 변했다. 서로 쳐다보고 웃었다. P네는 큰 참외밭도 있었다. 원두막에 올라가면 참외 익어가는 달콤한 냄새가 바람에 실려 왔다. P가 따다 주는 참외를 껍질도 안 벗기고 깨물어 먹었다. 특히 배꼽참외는 맛이 더 좋았다.

한여름철에는 냇가에서 놀았다. 쑥을 뜯어 비벼서 코와 귀를 막고 다이빙을 했다. 어느새 불청객인 거머리가 다리에 붙어서 안 떨어졌다. 쑥으로 문지르면 항복했다. 여름이면 얼굴이 새까맣게 타도록 들로 냇가로 다니며 놀았다. 수원에 사셨던 외할머니가 오시면 더 신나게 놀 수 있었다. 등에 동생을 업지 않고 놀 수 있어서 할머니가 가지 않았으면 하는 마음이 컸다. 할머니가 와 계실 때에는 산 너머 그 너머까지 가서 놀다가 해가 넘어갈 때나 집에 왔다.

봄이면 냉이와 달래를 캐면서 들에서 놀았다. 보리수도 따 먹었다. 시골에서의 시절은 상상만 해도 마음이 풍요로워진다. 등에 업혀서 칭얼거리고 잠잤던 동생들은 이제 할아버지와 할머니가 되었다. 목화송이 먹기를 좋아했던 여동생은 안타깝게도 1984년에 교통사고로 세상을 떠났다.

나도 한때는 껌 좀 씹었는데

 내 나이도 벌써 칠십 중반을 훌쩍 넘어섰다. 옛 어른들 말씀에 칠십이 넘으면 한 해, 한 해가 다르고, 중반을 넘으면 하루가 다르다고 했다. 요즈음 들어 부쩍 그 말이 마음에 와닿는다. 입맛이 없고 먹고 싶은 것도 없다. 책을 펴면 졸음이 쏟아져 읽고도 무엇을 읽었는지 모른다. 가끔은 입안도 마른다. 생각다 못해 껌을 한 통 사다 놓고 우물거린다. 그럴 때면 옛날 생각에 웃음이 절로 나온다.
 그러니까 1954년, 내가 청룡초등학교 2학년 때의 일이다. 청룡초등학교는 경기도 화성시 비봉면에 속해 있다. 아버지가 선생님이셨고, 나는 학교 옆에 있던 관사에 살았다.
 수원에서 이모가 오는 일요일 아침이었다. 나는 돌잡이 동생을 업고 대문 옆, 복숭아나무 아래에 서서 멀리 산모퉁이를 바라보고 있었다. 등에 업힌 동생이 칭얼거렸다. 짧은 내 단발머리를 잡아당겨 고개가 뒤로 넘어갔다. 하지만 내 눈은 산모퉁이에서 시선을 떼지 않았다. 이모 오는 것도 반가웠지만, 눈이 빠지게 기다리던 것은 껌 한 통이었다.

그 시절 시골에서 껌 구하는 것은 쉽지 않았다. 일요일에 산을 넘어 비봉에 있는 예배당_{교회}을 가야만 얻을 수 있었다. 하지만 불교 신자였던 엄마 때문에 나는 예배당에 갈 수 없었다. 기껏해야 밀알을 씹어 껌을 만들거나, 아니면 예배당에 다녀온 친구들이 씹던 껌을 떼어주면 감지덕지했다. 친구들이 준 껌은 단물도 없고 뻑뻑했다. 하지만 이모가 사 오는 껌은 향도 나고, 부드러워 오래 씹을 수 있어서 좋았다.

멀리 산모퉁이에 점 하나가 나타났다. 아지랑이 속에 물체가 흔들려 보였다. 눈을 가늘게 뜨고 지켜보았다. 점 하나로 보이던 것이 선명하게 보였다. 까만 치마에 흰 저고리를 입고 있다. 커다란 보따리를 머리에 이고 오고 있다. 이모였다.

엄마와 아홉 살 차이가 나던 20살 이모는 6·25 사변으로 중학교를 중퇴했다. 그리고 양말 공장에서 일했다. 이모가 우리 집에 오려면 수원에서 2시간 버스를 타고 비봉에 와서 오 리_{2km} 길을 걸어 산을 하나 넘어야 했다. 외할아버지 심부름으로 엄마 한약과 우리들 옷, 양말 등을 가지고 일 년에 서너 번씩 왔다.

"엄마, 엄마. 이모 와."

집에 동생을 내려놓은 나는 논둑길을 지나 보리밭 사이로 이어진 길을 껑충껑충 뛰어갔다. 얼마나 좋은지 발이 공중에서 땅에 닿지도 않는 것 같았다. 껌은 씹지도 않았는데 입안에서는 침이 고였다. 숨차게 뛰어간 내게 이모가 말했다.

"요 깍쟁이. 너, 이모보다 이 껌이 더 좋지?"

껌을 내주며 이모는 내 볼을 잡고 흔들었다. 나는 아니라고 딱 잡아떼며 이모가 주는 껌을 덥석 받아 챙겼다.

껌은 연두색 종이로 포장된 조그만 직사각형이다. 겉면에는 한글이 아닌 꼬부랑 글씨가 쓰여 있었다. 지금 생각하니 미제美製 껌인 것 같았다. 껍데기를 뜯었다. 은색 종이로 하나씩 싼 것이 10개나 들어 있었다. 껌 하나를 벗겨 입안에 넣었다. 박하 냄새가 확 풍기며 달콤했다. 침샘들이 화들짝 놀라 침이 철철 넘쳐났다. 친구들에게 자랑하고 싶어 운동장으로 뛰어갔다. 공기놀이 하는 친구들 사이로 머리를 쭉 들이밀고 "하~" 했다. 박하향이 친구들이 조아린 머리 사이에 그득해졌다.

　얼마나 귀한 껌인가? 나는 껌 하나를 씹으면 절대로 버리지 않았다. 거의 열흘 아니 보름은 씹은 것 같다. 오랫동안 씹으려고 밥을 먹을 때나 잠잘 때는 벽에 붙여두었다. 장소는 정해져 있지 않았다. 보이는 대로 부엌 기둥, 방문 기둥, 벽지 위에다 꾹꾹 눌러 붙였다. 다시 입에 넣으려고 벽지에 붙은 껌을 뗄 때는 종이도 같이 묻어났다. 나는 아랑곳하지 않고 그대로 입안에 넣고 질겅거렸다. 지금 같으면 비위생적이라고 도리질을 칠 것이다. 하지만 그땐 그랬다.

　더구나 씻지도 않은 손으로 껌을 양쪽으로 쭉 늘려 입을 대고 '딱' '딱' 터트렸다. 그렇게 주물러 손때가 묻은 껌에 나는 빨간색 크레용을 넣어 씹었다. 처음 넣을 때는 미끄덩거리고 약간 이상한 소독약 냄새가 나는 것 같았지만 곧 사라졌다. 하루가 지나 빨간 껌에 노란색을 섞었다. 주황색으로 변했다. 껌 양도 많아졌다. 나는 그런 껌을 공기놀이나 줄넘기할 때 친구들에게 조금씩 떼어주고 깍두기로 들어갔다. 깍두기는 어느 편에도 속하지 않고 편하게 놀 수 있는 사람을 부르는 말이다. 그렇게 껌은 입에서 입으로 돌고 돌았다.

　"껌 뱉었니?"

내가 잠자기 전에 엄마가 늘 했던 말이다. 나는 조금이라도 더 우물거리고 싶어 거짓말을 했다. 입천장에 껌을 짝 붙이고 일부러 엄마 앞에 입을 크게 벌렸다. 껌을 입천장에 붙이면 입을 벌려도 보이지 않아서다. 하지만 깜빡 잊고 잠이 든다.

잠결에 입안에 무언가 불편하여 '훅' 뱉어버렸다. 다음 날 일어나 보니 껌은 이부자리와 내 머리에 붙어 있었다. 엄마의 꾸지람은 물론 등짝을 호되게 맞는다. 엄마는 헝겊에 석유를 묻혀 이불과 옷에 붙은 껌을 떼어냈다. 하지만 내 머리카락에 엉겨 붙은 것은 도리가 없었다. 가위로 머리를 싹둑 잘라야만 했다.

고약스럽게 껌이 내 앞머리에 붙었을 땐 속상했다. 거울을 보면 뭉툭하게 잘려져 나간 자리가 눈에 거슬렸다. 한쪽 머리가 올라가 이마가 훤히 드러나 있었다. 멍청해 보였다. 창피해서 학교에 가지 않겠다고 골질하며 울었다. '똥 싼 놈이 성낸다'는 말처럼 굴었다. 결국 내가 열흘씩 씹었던 껌은 그렇게 한바탕 난리를 치르고서야 수명을 다했다.

책을 폈다. 몇 줄 읽지도 않았는데 눈꺼풀이 자꾸 내려온다. 나는 잠을 쫓아보려고 하얀색 자일리톨 껌 하나를 입에 넣었다. 달콤하여 정신이 번쩍 난다. 얼마 되지 않아 입아귀가 아프다. 곧 휴지에 싸서 버린다. 나도 한때는 껌 좀 씹었는데, 그것도 다 때가 있나 보다.

가설극장

활동사진영화이 끝났다. 이제는 행운권 추첨이다. 아저씨 한 분이 어린아이를 올라오라고 한다. 나는 여섯 살 여동생을 무대 쪽으로 재빨리 밀었다.

"언니, 오줌 마려워."

동생은 활동사진 보느라 많이 참았나 보다. 서서 다리를 꼬았다. 발을 동동 구른다. 나는 조금만 참으라고 했다. 울상이 된 동생은 무대로 기어 올라갔다. 행운권을 한 장씩 뽑을 때마다 동생은 몸을 비틀었다. 울음이 터지기 직전이었다. 나는 속으로 조금만 참으라고 응원을 보냈다.

내가 초등학교 4학년 때다. 그러니까 60년도 더 지난 일이다. 한여름 햇살이 머리 위로 쏟아져 내리는 정오였다. 멀리서 확성기로 말하는 목소리가 들려왔다. 바람을 타고 멀리 갔다가 다시 가깝게 온다. 뛰어놀다가 두 손으로 귀를 모으고 들어보았다. 오늘 밤 8시에 상영되는 활동사진 〈아다다〉를 보러오라는 말이다. 장소는 마산초등학교 운동장이란다. 나는 신이 났다. 땀 나서 미끄러운 고무신을 벗어들고 집으로 달려갔다.

"정현아, 언니하고 활동사진 보러 가자."

여섯 살 여동생은 싫다고 고개를 절레절레 흔들었다. 아무리 구슬려도 싫다고 한다. 엄마는 싫다는데 왜 끌고 가느냐며 너나 가라고 한다. 동생을 데리고 가려는 데는 이유가 있었다.

봄에 가설극장이 들어왔을 때다. 활동사진이 끝나면 행운권 추첨이 있었는데 추첨은 학교에 입학하지 않은 어린이가 했다. 끝난 다음에는 수고했다고 팔각형으로 된 큰 성냥 한 통을 주었다. 팔각형 모양의 성냥통은 지름이 12cm쯤 되고 그 안에는 크기가 6cm쯤 되는 성냥이 빼곡히 들어 있다. 집에서 3~4개월을 쓸 수 있는 분량이었다. 동생을 데리고 가서 상품을 타려는 속셈이었다. 결국 힘들어도 동생을 업고 활동사진을 보러 가기로 했다.

그 시절 시골에서는 영화를 '활동사진'이라고 불렀다. 영화관도 따로 없었다. 대신에 이동식 '가설극장'이 있었다. 학교 운동장이나 넓은 시골 장마당을 빌려 영화를 상영했고, 연극 공연을 했다. 선생님이었던 아버지 덕분에 나는 초대권을 갖고 공짜로 구경하곤 했다. 내 기억으로 가설극장은 일 년에 세 번 정도 열렸다. 복숭아꽃 필 때, 여름방학 때, 가을 추석 무렵이었다.

가설극장은 운동장 한가운데 세워져 있었다. 높이는 어른 키보다 훨씬 컸다. 땅에 박은 네 개의 쇠기둥에는 입구만 빼고 두꺼운 흰 광목천으로 둘려 있었다. 밑 부분은 통나무를 천으로 말아 몰래 들어가는 사람들을 막았다. 탁탁탁탁, 발전기 돌아가는 소리가 요란했다. 운동장에는 활동사진을 보러 온 사람들로 웅성거렸다. 어둠이 짙게 내려앉았다.

입구에는 키가 크고 어깨가 떡 벌어진 아저씨가 입장료를 받고 있다. 힘도 세게 생겼다. 아저씨는 입장료 대신에 곡식도 받았다. 어림잡아 한 되 정도였다. 내 기억으로 입장료는 20원인 것 같았다. 아이들은 입구가 반쯤 열린 곳으로 안을 기웃거렸다. 입구에서 서성거리다가 아저씨가 소리를 지르면 달아났다가 다시 모여들었다. 그중에서 약삭빠른 아이들은 통나무로 묶어놓은 천을 들치고 기어들어 갔다. 그렇게 할 용기가 없는 아이들과 청년들은 운동장 나무 위로 올라갔다. 멀리서나마 활동사진을 볼 수 있어서다. 나무 위에 매달아놓은 확성기에서는 눈물 없이 볼 수 없는 벙어리 '아다다'의 삶이라고 선전했다.

초대권을 내고 행운권을 받아 든 나는 동생들과 천막 안으로 들어갔다. 무대 가까운 앞자리에 아홉 살 남동생, 여섯 살 여동생과 앉았다. 천장이 없어 하늘이 다 보였다. 바닥에는 앉아서 볼 수 있게 가마니를 넓게 펴 놓았다. 무대 위 한쪽에는 커다란 양은 양푼, 양은 냄비, 빨랫비누, 밀가루, 성냥, 양초가 가지런히 놓여 있었다. 활동사진이 끝나면 주게 될 상품이다. 영사기는 맨 뒤쪽에 있었다.

활동사진영화을 보려면 앞자리는 불편했다. 왜냐하면 목을 뒤로 젖히고 봐야 해서 고개가 아프다. 그럼에도 앞자리에 앉은 이유가 있었다. 추첨이 시작되면 여동생을 빨리 무대 위로 내보낼 참이었다. 시간이 갈수록 가설극장 안은 사람들로 꽉 들어찼다. 자리가 없는 사람들은 뒤에 서 있었다.

오후 8시, 영사기가 돌아가기 시작했다. 크고 둥근 영사기 렌즈에서 부챗살 같은 불빛이 화면을 쫙 비췄다. 다음 태극기가 화면을 꽉 채웠다. 굵직하고 청량한 아나운서 목소리와 뉴스가 나왔다. 화면이 깨끗하지 않았다. 비가 오는 것처럼 광선 비가 주르륵주르륵 그어졌다. 그 것뿐인가. 상영 도중에 필름이 두세 번씩 끊겼다. 숨을 죽이고 보던 가설극장 안은 '획획' 야유의 휘파람 소리가 여기저기서 터져 나왔다. 웅성대는 사람들의 목소리로 왁자지껄했다. 성질 급한 아저씨는 돈 내놓으라고 고함을 질렀다. 그런 우여곡절을 거치며 활동사진은 두 시간 만에 끝이 나곤 했다.

추첨도 끝났다. 아저씨는 수고했다고 팔각 성냥 한 통을 동생에게 주었다. 가슴에 성냥 한 통을 안은 동생이 무대에서 움직이지 않았다.

"언니 때문에 오줌 쌌잖아."

동생은 그 한마디를 하고 엉엉 울었다. 집에 가면 분명히 엄마한테 맞을 것은 각오해야 했다. 그래도 이번에는 목표 달성을 한 셈이다. 동생을 달래려고 등에 업었다. 얼마나 많이 쌌는지 내 옷도 축축하게 젖어왔다. 등에서 동생이 늘어져 잔다. 내 등이 점점 무거워졌다. 구경 올 때는 몰랐는데 산 너머 집이 멀게만 느껴졌다. 남동생은 내 앞에서 성냥을 들고 팔을 휘저으며 달려간다. 달빛에 비친 내 그림자도 힘들게 나를 따라오고 있었다.

달도 먹고, 별도 먹고

한밤중이다. 다섯 살 여동생이 우는 소리에 눈을 떴다. 벽에 걸린 시계는 거의 자정을 가리키고 있었다. 동생이 엄마를 부르며 자지러지게 울었다. 엄마와 아버지는 번갈아 가며 안고 달랬지만 쉽게 울음을 그치지 않았다. 한참을 울던 동생은 지쳤는지 조용해졌다. 얼마나 슬프게 울었는지 울음을 그치고도 자면서 흐느꼈다. 동생 울음은 마산포를 떠난 후에야 멈췄다.

초등학교 3학년 봄이었다. 학교 선생님이었던 아버지를 따라 마산포로 이사를 갔다. 마산포는 수원에서 버스로 2시간 반을 서쪽으로 간다. 화성시에 있는 남양을 거쳐 사강을 지나면 마산포에 마산초등학교가 있다. 많은 세월이 지난 지금도 마산포는 화성시에 속해 있다. 그때 학교 안에는 관사가 없었다. 조그만 산을 하나 넘어가야 우리 가족이 살 집이 있었다. 학교에서 집까지는 걸어서 30분이 걸렸다.

집은 기역 자로 된 초가집이었다. 지붕은 이엉을 새로 올려 말끔했다. 앞마당은 넓지 않았다. 마루를 가운데 두고 안방과 건넌방이 있었다. 마루 뒤편에는 뒤뜰로 나가는 조그만 쪽문이 있고, 부엌은 안방 쪽에 붙어 있었다. 뒤란은 앞마당보다 훨씬 넓었다. 수숫대로 엮어 만든 울타리 안으로 나무가 많았다. 나무 이름이 궁금해서 아버지에게 물은 적이 있다. 부엌 뒷문 뒤에는 배나무, 장독대 옆에는 앵두나무, 굴뚝 뒤로는 고욤나무, 대문 양쪽에 있는 것은 복숭아나무라고 했다. 고욤나무는 지붕보다 더 높았다.

이사하고 나서 얼마 동안은 집과 학교 가는 길이 낯설었다. 학교 안에 있었던 관사에 살 때는 종 치는 소리를 듣고 가도 늦지 않았다. 하지만 마산포로 이사한 후로는 학교가 멀어 서둘러 가야만 했다. 학교를 오가는 길에 내가 싫었던 것이 있었다. 사내아이들이 나만 보면 큰 소리로 놀렸던 말이다.

"달도 먹고 별도 먹고."

처음에는 무슨 소린지 몰랐다. 나중에 알고 보니 우리 집에 '달도 먹고 별도 먹는 귀신'이 산다는 말이었다. 그 말을 자주 듣다 보니 싫고 무서웠다. 엄마한테 말했지만 쓸데없는 소리라며 귀담아듣지 않았다.

동생의 울음은 하루도 빠지지 않고 계속되었다. 정확하게 자정만 되면 울었다. 엄마가 동생을 떼어놓고 어딘가 갈 때처럼 엄마를 부르며 자지러지게 울었다. 나는 밤이 되면 동생이 우는 소리에 잠을 설쳤다. 그럴 때마다 아이들이 나만 보면 떠들던 말을 곱씹어보았다. 분명히 집에 귀신이 있어 밤마다 동생을 울린다는 생각이 들었다.

수원에서 소식을 들은 외할머니가 왔다. 아버지와 엄마한테 굿을 해보자고 한다. 아버지는 달가워하지 않았다. 그러나 외할머니는 아버지 반대에도 무릅쓰고 무당 아줌마를 수원에서 데리고 왔다. 무당 아줌마는 키가 작고 살집이 있었으며, 어깨가 딱 벌어졌다. 가만히 있으면서도 "쉬쉬"거리는 소리를 계속했다. 나이가 쉰 살이라는 아줌마는 어린 내 눈에도 눈매가 날카로워 보였다. 무섭고 이상했다.

굿은 밤 9시에 시작했다. 아버지는 굿이 시작되기 전에 담배를 입에 물고 대문 밖으로 나갔다. 나는 이불 속에서 열린 문으로 굿하는 것을 지켜보았다. 엄마는 김이 무럭무럭 나는 떡시루를 마루 한복판에 있는 상 위에 올려놓았다. 그리고 흰 창호지로 마른 북어 대가리 부분을 동여매어 시루 위에 얹었다. 적두赤豆가 그득 담긴 양푼 그릇을 상 옆에 두고, 물을 한 대접 담아 시루 앞에 놓았다.

아줌마는 노랑 저고리에 청색 치마를 입었다. 기름을 바른 머리는 쪽을 틀어 커다란 비녀를 꽂았다. 그리고 둥그런 징을 한 손에 들었다. 자루가 달린 솜방망이 같은 것으로 징을 쳤다. 징을 한 번 치고 나면 아줌마는 알 수 없는 말을 쉬지 않고 했다. 하얀 버선발이 마루 위를 가볍게 누비는 것이 유난히 눈에 띄었다. 남자 목소리같이 걸걸했다. 조용히 한다고 했지만, 한 번씩 치는 징 소리는 어둠을 뚫고 잔잔하게 마을로 퍼져 나갔다. 할머니는 한쪽 옆에서 두 손을 모으고 빌고 있었다. 아줌마가 뭐라고 하면 "네" "네" 하며 고개를 숙였다.

무당 아줌마의 말이다. 동생이 소복을 입고 엄마 곁에 있다고 한다. 엄마가 골골 아픈 것도 동생 때문이란다. 굿을 한 번 해서는 안 되고 세 번은 해야 한다고 한다. 그러면서 아줌마는 할머니 곁에 앉아 졸고 있는 동생 곁으로 다가가 알아들을 수 없는 말로 주문呪文을 외웠다. 오색 실이 달린 기다란 대나무로 동생 머리부터 아래로 쓸어내렸다. 졸다가 놀란 동생이 울려고 입을 비죽거렸다. 그런 동생을 외할머니가 품에 안고 달랬다.

　굿이 끝날 무렵에 아줌마는 붉은 팥을 한 움큼씩 쥐고 온 집안에 뿌렸다. 팥이 문 창호지에 부딪히고 떨어지는 소리가 요란했다. '쫙쫙' 내가 있는 쪽으로도 뿌려졌다. 나는 두 눈을 꼭 감았다.

　"할머니, 왜 팥을 뿌려요?"

　굿이 끝난 뒤에 물었다. 할머니는 귀신들을 쫓는 것이라고 했다. 하지만 굿을 했음에도 동생의 울음은 그치지 않았다. 그렇다면 동네 아이들 말이 맞는 거 아닌가. 분명 우리 집에 '달도 먹고 별도 먹는 귀신'이 살고 있을 거라고 철석같이 믿었다. 그다음부터 나는 해가 넘어가면 밖에 나가지 않았다. 무서웠다. 밤이면 바람에 문풍지가 흔들려도 귀신의 짓이라고 생각했다. 문살 사이로 보이는 나무 그림자는 머리를 푼 귀신으로 보였다. 하지만 아침에 해가 뜨면 달라졌다. 무서웠던 밤도, 동생의 울음조차도 잊어버렸다. 빨갛게 익어가는 앵두는 매일 따 먹어도 촘촘히 달려 있었다. 대문 옆 복숭아나무에 분홍 꽃이 흐드러지게 폈다. 배나무도 꼭 다물었던 꽃망울이 하나씩 터지기 시작했다.

　한 번 더 굿을 했다. 엄마는 동네에 이상한 소문이 돈다고 말했다. 동생이 귀신이 붙어서 굿을 한다는 소문이었다. 그럴 수밖에 없었다. 밤에 조용하던 마을에 징 소리가 울렸으니 말이다.

　그렇게 나는 마산포에서 2년을 살았다. 나와 11살 차이인 막내 여동생이 마산포에서 태어났다. 동생이 한 명 늘어 3명에서 4명이 되었다. 하지만 지금은 동생이 세 명이다. 그때 마산포에서 밤마다 울었던 여동생은 지금 내 곁에 없다. 40년 전에 세상을 떠났다. 아마도 동생은 엄마 곁을 떠나기 싫어서 그렇게 많이 울었나 보다.

그때 그런 일도 있었지

"할머니, 우리 엄마 얼굴이 무섭게 부었어요."

나는 옆집에 사는 할머니에게 달려가 소리쳤다. 아는 것이 많았던 옆집 할머니는 키가 크고 목소리도 굵었고 씩씩했다.

"우리 아버지는 한의사였어. 어려서부터 어깨너머로 아버지가 환자를 어떻게 치료하는지 봤거든."

할머니는 동네에 아픈 사람이 있으면 도와주었다. 그런 할머니에게 사람들은 돌팔이라고 뒤에서 수군대기도 했다. 하지만 사람들은 급할 때면 할머니를 찾았다. 시골에 소문이 나서 그런지 산을 두 개 넘어 할머니에게 오는 사람들도 있었다.

초등학교 3학년 여름 때였다. 막내 여동생이 엄마 배에서 태어나려면 한 달이나 더 있어야 했다. 아침에 일어나니 부엌에 있어야 할 엄마가 보이지 않았다. 궁금하여 안방 문을 열어보았다. 엄마 얼굴이 통통 부어 있었다.

"엄마, 얼굴이 왜 그래?"

자고 일어나려는데 얼굴이 부어 있고, 머리가 무거워 일어날 수가 없다고 했다. 엄마 얼굴은 푸르다 못해 검은빛이 돌았다. 어린 내가 보아도 엄마가 매우 불편하고 아픈 것 같았다. 엄마가 저러다 죽으면 어쩌나 싶어 눈물이 자꾸 났다.

"괜찮아. 임산부에게 오는 풍이야. 거머리로 고칠 수 있어."

할머니는 대수롭지 않게 말했다. 거머리를 잡아 부은 얼굴 위에 올려놓으면 나쁜 피를 빨아 먹어 부기가 빠진다고 했다. 그때는 웅덩이나 냇가에 거머리가 많았다. 나는 거머리가 징그럽고 싫었다. 냇물에 들어가 놀고 싶어도 거머리 때문에 꺼렸다. 하지만 무더운 여름을 피하려면 냇가에서 놀 수밖에 없었다. 물에 들어가기 전에 쑥을 한주먹 뜯어 귀와 콧구멍을 쑥으로 틀어막았다. 팬티만 걸친 몸에 거머리가 붙지 않도록 쑥으로 흠뻑 문질렀다. 급하게 대충 문지르고 물속에 들어갈 때는 거머리가 내 몸에 붙어 피를 빨았다. 그렇지만 쑥을 한 줌 뜯어 문지르면 이내 포기하고 떨어졌다.

옆집 할머니의 말을 듣고 나는 거머리를 잡으러 냇가로 달려갔다. 거머리는 물에서 몸을 늘리고 줄이며 웅덩이를 누비고 다니고 있었다. 나는 고무신을 벗어 거머리를 잡으려고 했지만, 잡기 어려웠다. 거머리를 유인하려고 치마를 걷어 올렸다. 둑에 앉아 두 다리를 물에 넣었다. 다른 때에는 내 몸에 잘도 붙더니만 근처에 올 생각도 않는다. 내가 잡으러 온 것을 아는 것처럼 말이다.

맨발로 다시 집으로 달려갔다. 부엌문 옆에 걸린 커다란 소쿠리를 들고 왔다. 나는 물풀들이 우거진 곳에 소쿠리를 대고 송사리 잡듯 건져 올렸다. 겨우 두 마리가 잡혔다. 나는 단숨에 할머니 집으로 달려갔다.

"할머니, 거머리 잡아 왔어요."

할머니를 큰소리로 불렀다. 할머니는 엄마 두 눈을 헝겊으로 동여맸다. 그리고 소쿠리에 붙은 거머리를 손으로 잡아 엄마의 양쪽 볼에 한 마리씩 얹었다. 할머니는 징그럽지도 않은가 보다. 무서워 찡그리고 피하는 내게 엄마를 지켜보라고 한다. 나는 거머리가 기어서 엄마 코, 입, 귀로 기어들어 가면 어쩌나 싶어 징그러워도 지켜보았다.

거머리는 엄마 얼굴 위에서 몸을 펴는 듯했다. 자리를 잡았는지 꿈쩍도 하지 않았다. 조금씩 거머리의 몸통이 변하고 있었다. 시간이 갈수록 거머리의 몸이 바람 넣은 것같이 불룩해졌다. 그러더니 엄마 얼굴에서 굴러떨어져 꼼짝하지 않는다. 거머리가 붙었던 곳에서는 시꺼먼 피가 났고 피는 엄마의 귀밑으로 계속 흘러내렸다.

"한꺼번에 하면 안 돼. 내일 또 잡아 오렴."

내가 소쿠리를 들고 대문을 나서려는데 굵직한 할머니의 목소리가 들렸다.

다음 날 아침 엄마 얼굴은 부기가 빠져서 쭈글쭈글했다. 엄마는 징그러워 못 하겠다며 거머리를 그만 잡아 오라고 했다. 그렇게 말하는 엄마에게 거울을 보여주었다. 엄마는 신기한 듯 얼굴 근육을 위아래로 움직여 보았다. 옆집 할머니는 한의원에 돈 들이고 갈 필요 없다며 거머리 치료법이 최고라고 했다. 그러면서 내가 거머리를 잡아 오는 대로 하루에 한 번씩 엄마 얼굴에 올려놓았다.

그렇게 3일이 지났다. 얼굴에 부기가 많이 빠진 엄마가 나를 쳐다보았다. 엄마의 까만 눈동자가 선명하게 보였다. 신기했다. 지금도 엄마의 그 모습이 지워지지 않는다. 그때. 그런 일도 있었다.

아버지의 밥상

"삐~걱!"

대문 여는 소리가 난다. 안방에 있던 나는 문 창호지에 조그맣게 뚫린 구멍으로 밖을 내다보았다. 늦가을 해가 언제 넘어갔는지 밖이 어둑하다. 아버지였다. 내가 "아버지"라고 하자 동생들이 마루로 우르르 몰려나온다.

"아버지, 다녀오셨어요."

우리는 큰소리로 합창했다. 그런 우리에게 고개를 두어 번 끄덕인 아버지는 대문 옆에 있는 닭장부터 살피셨다. 가끔 족제비란 놈이 닭장을 습격해 단속하시는 것 같았다. 닭장 안에 열댓 마리쯤 되는 닭들은 이미 횃대 위에 올라가 조용했다. 아버지는 안방으로 들어오시지 않고 뒤란으로 가셨다.

"상 차릴까요?"

어머니가 물으신다. 밥상을 차려놓아도 얼른 잡수시지 않았던 아버지였다. 그것이 늘 불만이었던 어머니의 목소리는 조금 볼멘소리다. 나도 아버지가 얼른 들어오셔서 저녁 드시기를 바랐다. 왜냐하면 아버지가 남기는 밥이 맛있었기 때문이었다.

마산초등학교 4학년 때다. 우리 집에서 4km쯤 걸어가면 갯벌이 나왔다. 봄에는 숭어, 가을이면 가리맛조개와 굴이 잡혔다. 하지만 자주 먹지는 못했다. 어머니가 계란을 모아 읍네 시장에 가서 팔아 생선과 그릇 등을 사 오시는 날에야 맛을 보았다.

어머니는 숭어를 사면 소금에 살짝 절여 말리고, 굴은 어리굴젓을 담갔다. 숭어와 어리굴젓은 손님상과 아버지상에만 올렸다. 나는 숭어구이의 짭짤하고 담백한 맛도 좋아했지만, 가리맛조개로 끓인 찌개를 더 좋아했다. 어머니는 가리맛조개를 사면 손질해서 고추장만 풀어 끓였다. 무를 어슷어슷하게 저며 가리맛조개를 넣고 끓인 찌개는 국물이 시원하고 달았다. 쫄깃한 맛살이 입안에서 '톡' 터지면 고소한 맛이 입안에 가득했다. 가리맛조개 찌개가 밥상에 올라오는 날은 냄비 안에서 수저 부딪히는 소리가 요란했다.

"아버지, 진지 잡수세요."

마루 끝에 서서 나는 동생들과 몇 번을 큰소리로 외쳤다. 그제야 아버지는 방으로 들어오셨다. 어머니는 부엌에서 밥상을 들고 안방으로 들어오신다. 동생들과 내 눈을 합친 여덟 개의 눈이 아버지 밥상으로 쏠렸다. 나는 무엇이 있나 살폈다. 그날 저녁 우리 밥상에는 무나물, 열무김치, 호박찌개뿐이었다. 아버지 상에는 반찬이 더 많다. 뚝배기에는 고추장에 끓인 가리맛조개 건더기가 그득했다. 호박볶음, 어리굴젓, 열무김치, 무나물도 있다.

아버지가 놋주발 뚜껑을 여니 밥 색깔이 다르다. 내가 먹었던 밥은 보리가 많이 섞여 거무스름했다. 쌀이 많이 섞인 아버지 밥이 등잔불 밑에 반들거렸다. 그날만 그런 것은 아니었다. 그 시절 아버지 밥상과 우리 밥상은 늘 그렇게 달랐다. 이미 저녁을 먹었지만, 입안의 침샘들이 분주하더니 목울대가 움직였다.

아버지는 주발 뚜껑에 밥을 서너 수저 덜어놓으셨다. 아랫목에 앉은 동생들과 내 눈은 아버지의 수저와 젓가락이 가는 대로 눈동자를 돌렸다. 어머니는 아버지 밥상에 턱을 받치고 있는 우리를 건넌방으로 쫓았지만 나는 가지 않았다. 책을 싼 보자기를 풀어 연필과 공책을 꺼냈다. 등잔불 밑에서 숙제한다고 방바닥에 배를 쭉 깔고 엎드렸다.

"숙제는 낮에 했어야지."

아버지가 엄하게 한마디 하셨다. 나는 동생들 보느라고 못 했다며 얼버무렸다. 사실 숙제하는 시늉만 했지 내 마음은 딴 곳에 있었다. '아버지가 찌개와 밥을 남기실까?' 아니면 '다 드실까?' 엎드린 내 귀에 아버지의 음식 씹는 소리가 들렸다. 달짝지근한 맛살 찌개 냄새가 내 콧속을 비집고 들어왔다. 나는 한 번씩 고개를 들어 아버지 상을 힐끔거렸다. 아마 그때 아버지는 내 마음을 읽고 계셨으리라.

내가 고개를 들었을 때 아버지와 눈이 마주쳤다. 아버지는 가리맛조개를 수저로 두어 개 건져 주셨다. 주저주저하니 어서 받아먹으라고 하셨다. 어머니 눈치를 한번 슬쩍 보고 받아먹었다. 어떻게 알았는지 건너 방에 있던 동생들이 하나둘씩 안방으로 들어왔다. 우물거리는 내 입을 보고 여섯 살 여동생이 입을 벌리며 달려든다. 그것을 보신 아버지가 한 사람씩 맛살을 입에 넣어주자 모두 좋다고 낄낄대고 웃었다.

밥상을 물리신 아버지 상에는 밥과 찌개가 남았다. 어머니는 가리맛조개 찌개 국물에 밥을 넣고 비벼 우리들 입에 한 수저씩 넣어주셨다. 칼칼하면서도 달짝지근하고 부드러운 밥이었다. 나는 씹지도 않고 혀를 한번 굴려 삼켰다. 그런 날 밤에는 달콤한 꿈이 나를 마중 나왔던 것 같다.

머리가 허옇게 변한 내가 이제야 철이 드는 걸까? 문득문득 아버지 그때의 마음이 헤아려진다. 사 남매 눈동자 앞에서 어떻게 밥을 다 드실 수가 있었겠는가 싶다. 그렇다고 아버지가 자식들을 굶긴 것도 아니었는데 왜 나는 아버지 밥상에 집착했을까? 지금은 작고하고 안 계신 아버지다. 세월이 많이 흘렀다. 만약 아버지가 살아 계신다면 그때 아버지의 마음을 여쭈어보고 싶다.

언젠가 그 가리맛조개 맛이 생각나 동네 생선가게를 뒤져 보았으나 없었다. 상인들 말로는 아예 나오지 않는다고 한다. 하루 날을 잡아 노량진 수산시장에 갔으나 자연산은 아예 없고 양식에서 키운 것뿐이었다. 맛있게 먹을 욕심에 3kg을 샀다. 양식에서 키워 그런지 크기만 하고 맛이 없었다. 내가 어릴 때 먹었던 맛이 아니었다. 아버지의 밥상이 그리운 저녁이다.

할머니, 세상이 많이 변했어요

　내일은 스물한 번째 되는 남편의 기일이다. 작년까지만 해도 며칠 전부터 제수용품을 사 날랐다. 하지만 이번에는 탕국거리, 밤, 대추, 포, 과일 종류만 샀다. 예년보다 조금만 산 것이 마음에 걸렸으나 간소하게 차리자는 자식들의 의견을 존중하기로 했다. 생각해 보면 힘들게 음식을 만들어도 남을 것이 뻔하다. 자식들에게 싸 주어도 조금만 가져갈 것이다. 결국 남는 제사 음식은 두고두고 나 혼자 먹어야 한다. 그렇다고 이웃과 제사 음식을 나누어 먹는 시절은 지난 것 같다. 고개만 돌리면 먹을 것이 넘치는 세상에 살고 있지 않은가. 옛날 외갓집 제삿날 정겨웠던 모습이 어렴풋이 떠오른다.

　수원 외갓집에서 중학교를 다니고 있었을 때다. 외할머니는 일 년에 서너 번 제사를 지냈다. 할머니는 제사 며칠 전부터 제사에 쓸 것을 손수 마련하셨다. 겉보리를 기른 엿기름으로 식혜를 만들었고, 누룩을 사다가 밥을 고슬고슬하게 쪄서 항아리에 술도 담갔다. 두부도 만들고, 콩나물도 길렀다. 그것뿐인가? 산에 가서 송홧가루를 모아 다식도 만

들었다. 그런 날이면 할머니는 온몸에 하얀 가루를 뒤집어쓴 것 같았다. 머리는 물론 눈썹까지 하얬다. 지금도 할머니의 그 모습이 눈앞에 생생하다.

어느 겨울날 학교에서 돌아와 대문을 열고 들어서니 구수한 음식 냄새가 집안에 가득했다. 부엌문을 여는 순간 뺨에 후끈한 것이 와닿았다. 탕국이 끓는 가마솥 아궁이에는 장작들이 시뻘건 불을 토해내고 있었다. 그 안에서 할머니는 바쁘게 움직이고 있었다.

"할머니, 오늘은 누구 제사예요?"

"쉿, 네게는 외증조할아버지 제사다."

"그런데 왜 이렇게 음식을 많이 해요?"

"제사 음식을 여러 집이 나눠 먹으면 집안이 편한 법이란다."

할머니는 아궁이에서 불씨를 꺼내 진흙으로 만든 풍로화로의 일종로 옮겼다. 그리고 풍로에 걸맞은 까만 솥뚜껑을 뒤집어 걸었다. 솥뚜껑이 달구어지자, 들기름을 휘휘 둘렀다. 녹두 간 것을 국자로 떠서 둥그렇게 펴 가며 노릇노릇 부침개를 구웠다. 부침개는 커다란 채반 위에 겹치지 않게 놓였다. 보기만 해도 먹음직스러웠다. 학교에서 점심 도시락을 먹었는데도 입안에 침이 가득 고였다. 먹고 싶다는 말을 못 했다. 할머니는 제사에 올릴 음식은 먼저 먹으면 안 된다고 하셨다. 나를 끔찍하게 생각했던 할머니도 제삿날만큼은 조상님이 우선이었다.

괘종시계가 열두 번 울려야 제사를 지냈다. 시계를 보니 자정이 되려면 15분이나 더 있어야 한다. 안방 한쪽 귀퉁이에 앉은 나는 제사를 빨리 지냈으면 했다. 배도 고프고, 눈꺼풀이 내려와 주체할 수가 없었다. 할아버지는 꾸벅꾸벅 졸고 있던 내게 대문을 열어놓으라고 하셨다. 나는 방문을 열고 나섰다. 추워서 나도 모르게 몸이 움츠려졌다. 모두 자지 않고 있는지 이웃집 창문이 환하다. 앞집 할아버지가 기침을 하더니 '캭' 하고 가래를 뱉는다. 뒷집에서도 방문을 여닫는 삐그덕 소리가 들렸다. 내 발걸음에 닭장 속 닭들도 한 번씩 날개를 푸드덕거린다. 나는 대문을 활짝 열어놓고, 부엌에서 나온 할머니 뒤를 따라 마루 위로 올라섰다. 하루 종일 우물에서 부엌으로 물을 길어 나르고 버리며 일을 했던 할머니의 다리가 무거워 보였다.

요즈음이야 돈만 있으면 뭐든 다 살 수 있다. 그리고 수도꼭지만 틀면 뜨거운 물이 펑펑 쏟아져 나온다. 가스 불을 켜면 무엇이든지 손쉽게 만들어 먹을 수 있다. 지금 생각해 보면 그때 할머니의 고달픔이 느껴져 애잔하기만 하다.

자정에 시작한 제사는 12시 반쯤에야 끝났다. 할아버지는 음복飮福을 하고, 나는 밤과 송화 다식을 먹었다. 할머니는 밥, 편떡, 밤, 대추, 곶감, 부침개, 약과, 나물 종류무나물, 고사리, 숙주나물 등을 그릇에 담아 광주리 안에 넣었다. 이웃집과 나눌 음식이다. 식구가 많은 집은 떡과 탕국을 넉넉하게 담았다. 할아버지가 계신 집은 식혜 대신 술을 주전자에 채웠다.

할머니는 수건 똬리를 머리에 얹고 광주리를 이고 부지런히 대문을 나섰다. 나는 양손에 술과 탕국을 담은 양은 주전자를 들었다. 옆집 대문 앞에 선 할머니는 아이들 이름을 크게 불렀다. 집안에서는 마치 기다렸다는 듯이 온 식구가 우르르 나왔다. 세 명의 어린애와 아저씨, 아주머니가 나왔다. 앞집 할아버지는 방문을 삐죽이 열고 고개만 내민다. 할머니가 이고 간 광주리를 아주머니는 마루에 내려놓았다. 아이들이

사과와 배를 서로 먹겠다고 아우성을 쳤다. 탕국을 다른 그릇에 쏟기 전에 후루룩 맛을 본 아주머니는 맛있다고 했다. 그렇게 할머니는 이웃에 사는 서너 집과 음식을 나누었다. 그것도 자정이 훨씬 지나서였다.

남편 제사상 준비하러 시장에 갔지만, 내가 끄는 손수레는 가볍다. 별로 사서 넣은 것이 없으니 당연하다. 아무리 간소하게 한다고 하지만 뭐라도 조금 더 사야 하지 않을까? 집으로 돌아가고 있으면서도 가벼운 손수레가 염려스럽다. 하지만 음식 많이 하지 말자는 자식들 말이 귓전을 치고 지나간다. 이제는 제사 음식 나누면 집안이 편해진다던 할머니의 말씀도 멀어지고 있다. 나는 혼자 중얼거린다.

할머니, 세상이 많이 변했어요.

아이스께끼 공범

"너. 엄마 고무신 못 봤니?"

해가 질 무렵에야 집에 들어온 내게 엄마가 물었다. 낮에 있었던 일로 겁을 잔뜩 먹은 나는 가슴이 '쿵' 하고 내려앉았다. 얼떨결에 못 보았다고 딱 잡아뗐다. 엄마가 다음 날 신고 나가려던 외출용 하얀 고무신이었다. 엄마는 속상한 듯 한숨을 푹 내쉬었다. 낮에 동생이 한 일을 엄마한테 말했어야 옳았다고 생각했다. 하지만 아이스께끼 맛에 홀려 그만 일을 저지르고 말았다.

그러니까 내가 비봉초등학교 6학년 때다. 우리 마을에는 오래된 아름드리 오동나무가 있었다. 여름철이면 아이스께끼 아저씨가 일주일에 서너 번 와서 오동나무 그늘에서 아이스께끼를 팔았다.

"아이스께끼~."

아저씨가 아이스께끼를 외치며 마을 어귀로 들어섰다. 까만 곱슬머리에 검게 그을린 아저씨의 모습은 멀리서도 눈에 확 띄었다. 정확하지는 않지만, 나이는 40대 중반쯤이었을 것이다. 키는 작아서 아이스께끼

통이 궁둥이 아래로 처져 있었다. 어깨에 멘 아이스께끼 통 모서리에서는 얼음 녹은 물이 뚝뚝 땅으로 떨어졌다. 한쪽 손에는 우악스럽게 움켜잡은 누런 포대 자루가 들려 있다. 쉰 듯한 목소리는 크고 우렁찼다. 아이스께끼를 외치는 소리에 20여 호가 사는 동네는 술렁거렸다. 마치 한 여름의 더위를 식혀 주는 선령仙靈이 온 것처럼 말이다.

아이스께끼 통은 나무로 만들어졌다. 사면이 40cm쯤 되는 정사각형이다. 통에는 어깨에 멜 수 있는 넓적한 끈이 달렸고, 위에는 조그맣고 네모난 뚜껑이 있었다. 겨우 손 하나만 넣다 뺄 수 있는 구멍이었다. 그 안에는 나무젓가락에 네모난 모양과 둥근 모양으로 얼린 아이스께끼가 있었다. 색은 오렌지색, 노란색, 파란색 등이며 달고 시원했다. 단단해서 깨물려고 해도 잘 깨물어지지 않았다.

오동나무 그늘에 통을 내려놓은 아저씨는 "아이스께끼"를 계속 외쳤다. 소리를 지를 때마다 귀 뒤에 있는 경동맥이 시퍼렇게 튀어 올랐다. 그 소리를 들은 동네 아이들과 어른들이 하나둘씩 나무 아래로 모여들었다. 손에는 빈 병, 구멍 뚫린 양은그릇, 헌 신발 등을 들고 와 아이스께끼와 바꾸어 먹었다. 아이스께끼 하나 가격은 생각나지 않지만, 어떤 아이들은 올 때마다 돈을 주고 사 먹었다. 그나마 바꿀 것도 없고 돈도 없는 아이들은 구경만 했다.

가끔 엄마가 사주기도 했다. 하지만 매번 먹지는 못했다. 왜냐하면 여섯 살 여동생이 아이스께끼만 먹으면 배가 아프다고 울어서였다. 매일 먹어도 싫지 않은 것을 여동생 때문에 먹지 못하는 것이 속상했다. 그런 내게 엄마는 공평했다. 동생 봐주는 큰딸이라고 나만 사주지는 않았다. 사면 다 사주고, 안 사주면 다 사주지 않았다. 그날도 동생을 업고 아이들 틈에 끼어 구경하고 있었다. 김이 무럭무럭 나는 아이스께끼 통은 요술상자처럼 보였다. 보기만 해도 입안에 침이 고였다.

그때였다. 아홉 살 남동생이 하얀 여자 고무신 한 켤레를 불쑥 내밀었다. 새 신발은 아니었다. 그렇다고 아이스께끼와 바꿀 신발은 더욱 아닌 것 같았다. 내 눈에 낯설지 않았다. 순간 엄마 고무신이 아닐까 싶었다. 동생이 멀쩡한 고무신을 갖고 나올 리는 없다고 생각했다. 그때 동생과 눈이 마주쳤다. 동생이 내 시선을 피했다. 수상했다. 그 사이에 고무신을 챙긴 아저씨가 통 뚜껑을 열고 파란색과 분홍색 아이스께끼를 동생에게 주었다.

두 개를 받아 든 동생을 아이들은 부러운 눈으로 쳐다봤다. 양손에서 녹아내리는 얼음물을 동생은 번갈아 가며 핥았다. 마치 개선장군이라도 된 듯이 으스대는 동생 곁으로 갔다. 고무신 어디서 난 거냐고 다그쳤다. 동생은 말을 못 하고 머뭇거렸다.

"똑바로 말해. 엄마 신발 맞지? 너, 엄마한테 이를 거야."

양심에 찔렸는지 동생이 아이스께끼 하나를 불쑥 내 앞에 내밀었다. 아이스께끼 맛의 유혹을 뿌리치지 못했다. 얼떨결에 받아 흘러내리는 얼음물을 쪽쪽 소리가 나게 핥아먹었다. 얼마나 시원하고 달콤한지 머리부터 발끝까지 짜릿해 스르르 눈이 감겼다. 정말 꿀맛이었다. 아껴가며 오래도록 핥아 먹었다. 다 먹은 나무젓가락도 버리지 않았다. 나무에 밴 들척지근한 물이 다 빠질 때까지 입에 물고 다녔다.

저녁밥을 다 먹은 후에도 엄마는 고무신 이야기를 하지 않았다. 나는 안방에 들어가 이불 위로 벌러덩 누웠다. 잠이 스르르 올 때였다. 건넌방에서 엄마가 나를 불렀다. 대답했지만 예감이 썩 좋지는 않았다. 엄마가 내 이름을 부르는 억양이 평소와는 달랐다. 부드럽지 않고 단호했다. '에구 잘 넘어가나 했는데……' 아니었다. 동생은 한쪽에서 두려운 눈으로 나를 쳐다본다. 아마 내가 이를까 봐 겁이 난 모양이다.

건넌방 문을 열고 들어갔다. 회초리가 엄마 옆에 놓여 있었다. 엄마는 다 알고 있었다며 거짓말을 한 내가 더 나쁘다고 했다. 어떻게 알았을까? 무릎을 꿇고 잘못했다며 손이 발이 되도록 싹싹 빌었다. 하지만 소용없었다. 종아리를 맞았다. 엄마는 동생도 불렀다. 겁을 잔뜩 먹은 동생은 미리 울며 들어온다. 나보다는 덜 맞았다. 원인 제공은 동생이 했는데 내가 더 많이 맞은 것 같아 억울했다. 매 맞은 종아리에 벌건 줄이 생겼다.

"야, 너 땜에 나까지 매 맞았잖아"

안방으로 건너온 나는 동생에게 소리를 질렀다.

"누나도 아이스께끼 먹었잖아."

동생도 지지 않고 내 탓을 한다. 동생 말이 맞았다. 아이스께끼를 받아먹은 나도 결국은 공범이었다.

울어서 부은 눈꺼풀이 스르르 내려와 감겼다. 매 맞은 것은 아팠지만 그래도 낮에 먹은 아이스께끼 맛을 잊을 수는 없었다. 멀리서 아저씨의 목소리가 어렴풋이 들리는 듯하다.

"아이스께끼."

새야, 새야, 파랑새야

장안문에서 오른쪽 성곽을 끼고 돌아섰다. 변하지 않은 성벽 때문에 나는 외갓집 터를 금방 가늠할 수 있었다. 외갓집을 포함해 성곽 아래에 있던 20여 호 집터는 파란 잔디밭으로 바뀌었다. 내가 물놀이를 즐겼던 화홍문광교산에서 발원한 물이 넘치지 않게 만들어놓은 수문으로 가는 길이 성곽을 따라 길게 뻗어 있다. 내 발걸음이 빨라졌다. 20m쯤 갔을 때, 성곽 아래 빈터에 서서 나는 눈을 크게 뜨고 두리번거렸다. 할머니와 살던 외갓집 터를 찾고 있었다.

"얘, 여기쯤 외갓집이 있었던 것 같아."

딸에게 말하는 내 목소리는 울먹였다. 입 가장자리가 균형을 잃고 씰룩거렸다. 어느새 눈물 한 줄기가 뺨을 타고 주르륵 흐른다. 옆에서 나를 지켜보던 딸도 옷소매로 눈물을 닦는다. 눈에 넣어도 아프지 않다며 당신 몸보다 나를 더 아끼고 보살폈던 외할머니였다. 그때는 어려서 할머니의 마음을 헤아리지 못했다. 하지만 세월이 흐르면 흐를수록 할머니가 내게 쏟아준 정이 애틋하여 잊을 수 없다. 그럼에도 왜 나는 이제야 이곳을 찾았나 싶은 죄책감이 들었다.

 외할머니는 긴 머리를 틀어 쪽을 지고 은비녀를 꽂았다. 머리에는 동백기름을 발라 머리카락 한 가닥도 흘러내리지 않게 했다. 흰 저고리에 검정 치마를 즐겨 입었다. 흰 고무신에 하얀 버선을, 그리고 허리에는 옥양목으로 된 긴 앞치마를 둘렀다. 단정했다.

 할머니 키는 크지 않았다. 내가 서서 할머니 품에 안기면 내 얼굴이 할머니의 젖가슴에 닿았다. 그때마다 푹신하고 보드라워 나는 그곳에 얼굴을 비비곤 했다. 할머니 무릎을 베고 누워 있으면 앞치마에서 풍기는 냄새도 좋았다. 각종 양념과 아궁이에서 나무가 타서 배어든 구수한 냄새. 가끔 할머니는 내 등을 토닥이며 노래를 불렀다.

새야 새야 파랑새야 녹두밭에 앉지 마라.
녹두꽃이 떨어지면 청포 장수 울고 간다.

 느리고도 구슬픈 노래였다. 그 노래를 들으면서 나는 잠이 들곤 했다. 수원여중에 입학한 13살 봄이었다. 중학교에 들어가면서 나는 외갓집에서 학교를 다녔다. 집에서 동생들을 업어주고 보살피며 초등학교에 다녔을 때와는 판이하게 다른 생활이 시작되었다. 자유로워진 것이다. 외갓집은 수원 북수동 성곽 아래에 있었다. 기역 자 모양의 초가집이었다. 대청마루를 중심으로 양쪽에 안방과 건넌방이 있었다. 마루 뒤에는 쪽문이 있었는데 문을 열면 성벽이 보였다. 부엌은 안방 쪽에 붙어 있었고, 나무 대문을 열고 들어서면 왼쪽으로 우물이 있었다.

 "아마 이쯤에 우물이 있었을 것 같아."

나는 아무것도 찾을 수 없는 곳에서 옛날 우물 자리를 확인하려고 서성였다. 딸이 기억을 더듬는 내 곁에 다가서며 안타까운지 내 등을 어루만졌다.

여름이 되면 나는 밥보다 참외를 좋아했다. 그런 내게 할머니는 참외를 조그만 망에 담아 우물 속에 넣었다가 주었다. 노란 참외보다 개구리참외가 더 좋았다. 겉이 개구리같이 푸른색이고 얼룩덜룩하다고 해서 그렇게 불렀다. 개구리참외의 겉은 파랗지만, 벗기면 진분홍색 과육이 드러난다. 한 입 깨물면 달고 아삭한 맛이 꿀맛이었다. 내가 앉아 공부했던 앉은뱅이책상은 마루 뒤 쪽문 앞에 있었다. 문을 활짝 열면 성벽을 끼고 부는 바람이 시원했다. 책상 앞에 앉으면 할머니는 내 등 뒤에서 팔이 아프도록 부채질했다. 동생들 업어주느라 애썼다고 혀를 끌끌 차며 내 단발머리를 몇 번이고 쓸어내렸다. 무엇이 그리 신통한지 내가 신통방통하단다. 그때마다 나는 콧등이 찡했다. 할머니가 내 마음을 알아주는 것 같아서였다.

사실 나는 할머니가 한 말을 엄마에게 듣고 싶었다. 어린 마음에도 엄마로부터 인정받고 싶은 욕구가 컸던 것 같다. 엄마 품이 늘 그리웠지만 동생들에게 빼앗기고 뒷전에 서 있기만 했다. 몸이 약했던 엄마는 내 마음까지 읽어줄 여유가 없었는지도 모른다. 그렇게 유년 시절을 보냈다. 그런 내게 할머니가 주었던 정은 가뭄의 단비였다.

하지만 내가 늘 할머니 말을 잘 들은 것은 아니다. 날씨가 화창한데 할머니는 몸이 쑤시고 아프다며 우산을 가지고 가라고 했다. 할머니 몸이 일기예보라는 것을 알면서도 고집을 부리고 갖고 가지 않았다. 기름 먹인 창호지에 대나무로 살을 입힌 우산은 부피가 컸다. 갖고 다니기도 불편했고, 무거워서 거추장스러웠다. 그런 날이면 마지막 수업 시간이나 집으로 돌아오는 길에는 꼭 비가 내렸다. 그러면 할머니는 십 리 길을 마다하지 않고 학교가 파하기 전에 장화와 우산을 품에 안고 마중을 나왔다. 내 이름을 큰소리로 불렀다.

"정수야."

어느 날, 할머니는 수업 중인 교실 앞문을 드르륵 열었다. 선생님들만 사용하는 교실 앞문이었다. 70여 명 반 친구들의 "와, 부럽다" 하는 소리와 함께 선생님 시선이 할머니에게 쏠렸다. 할머니는 선생님에게 연신 꾸벅이며 어서 우산 받으라고 큰소리로 말했다. 나는 반 친구들의 부러움을 받았지만, 창피하기도 했다. 얼굴이 화끈거렸다. 쥐구멍에라도 들어가고 싶었다. 그때는 철이 없어 할머니에게 고맙다는 말도 하지 않았.

세월이 많이 흘렀지만, 그때 할머니의 뒷모습이 눈에 선하다. 쪽을 진 머리가 비바람에 몇 가닥 흐트러져 어깨 위로 내려왔다. 흠뻑 젖은 치마는 걸을 때마다 할머니 몸을 휘휘 감았다. 흰 고무신 안의 버선은 황토색 흙물로 벌겋게 물들어 질컥거렸다. 우산을 받아 들고 나는 할머니의 뒷모습을 바라보기만 했다. 생각하니 가슴이 아려온다. 그랬던 할머니는 내가 중학교 2학년 늦가을에 61세로 작고하셨다. 나는 할머니 나이보다 더 살고 있다. 늘 쓰다듬어주었던 내 까만 단발머리도 백발이 되었다.

빈터에 선 나는 떠날 생각을 하지 않았다. 이제 내 나이 칠십 중반이 되어 잊을 만도 한데……. 외할머니 생각에 눈가를 꾹꾹 누른다. 딸이 우산을 받쳐주며 내 어깨를 보듬어 안는다. 떨어지지 않는 발길을 돌

렸다. 우산 위로 빗방울 부딪히는 소리가 요란하다. '후드득' '후드득'
"얘야, 비가 많이 온다. 어서 가렴."
외할머니의 애잔한 목소리가 들리는 듯하다. 다시 뒤돌아본다.
가을비에 성벽이 젖고 있었다.

제5장

비로소
은은한 삶의 향기가

아프면 아프다고 하세요

한의원 문을 열고 들어섰다. 차례를 기다리는 몇 사람의 환자들이 있었다. 그들의 시선은 절룩이며 들어서는 나의 다리에 모아졌다.
"어머나, 다치셨어요?"
간호사가 눈을 크게 뜨고 물었다. 다쳐서 부어오른 발목을 내보이자 아프겠다고 얼굴을 찡그린다. 원장 선생님이 출근하는 대로 먼저 봐준다고 한다. 나는 작은 소리로 대답하고 빈자리로 가서 앉았다. 진료가 시작되는 9시가 되려면 30분을 더 기다려야만 했다. 아픔을 잊어보려고 텔레비전 화면에 눈을 고정했다. 하지만 온몸의 신경은 욱신거리는 발목에 가 있었다.
'정형외과를 먼저 가서 엑스레이 사진을 찍어볼 걸 그랬나?'
늦은 생각이었지만, 이왕 왔으니 원장님 의견에 따르는 게 좋겠다고 생각했다.
우리 집 앞에는 조그만 숲이 있다. 아니 작은 동산이라 하는 게 더 맞을 것 같다. 가운데 계곡을 끼고 양쪽으로 오르내리는 능선은 나무 계단과 흙길로 되어 있다. 운동기구들도 있어 걷다가 허리 돌리기, 윗몸 일으키기, 팔 돌리기 등을 할 수 있어 좋다. 능선 길에는 마을로 내려가는 나무 계단이 군데군데 있다. 동네 사람들이 올라와 걷기 좋게 잘 정돈된 숲길이다.

날씨가 더운 여름에는 새벽 5시쯤 일어나 숲을 걷는다. 사람이 붐비지 않는 아침 시간이 한결 여유로워서다. 그리고 밤새 움츠렸던 몸의 관절들을 풀 수 있어 하루를 시작하기에 좋다. 풋풋한 풀냄새와 지저귀는 새소리만 들어도 활력이 생긴다. 숲을 한 바퀴를 오르고 내리면 25분이 걸린다. 두 바퀴만 돌고 나면 이마와 등이 촉촉하게 땀으로 젖는다.

며칠 전이다. 숲길로 들어섰다. 바람에 실려온 흙냄새와 풀 향기가 유난히 진하게 느껴졌다. 간밤에 내린 비로 물기를 흠뻑 머금은 나무들이 묵직하게 다가섰다. 나뭇가지와 나뭇잎들이 털어내는 물방울 소리가 숲을 흔들어 깨우고 있었다. 길이 미끄러워 한 발, 한 발 조심스럽게 걸었다. 나무 계단은 계속 내린 비에 이끼가 끼어 있었다. 잘못하면 넘어질 것 같아 흙길을 걸었다. 한 바퀴를 돌고 다시 비탈길을 내려서는 순간 미끄러졌다. 왼발이 쭉 미끄러지며 오른 발목이 뒤로 꺾였다. 그 상태로는 움직일 수가 없었다. 창피한 마음에 누가 본 사람이 있나 싶어 힐끔 뒤돌아보았다.

"어머나, 괜찮으세요?"

오십 중반의 여자가 미끄러지는 나를 본 것이다. 여자는 내게 다가섰다. 뒤에서 나의 어깨를 안아 일으켜주었다. 걱정되는지 괜찮냐고 계속 물었다. 나는 여자에게 고맙다며 괜찮다는 말을 반복했다. 안심이 되지 않는 듯 여자는 자꾸 뒤를 돌아보며 비탈길을 내려갔다.

한 걸음 옮기려 했다. 발목이 아파서 "악" 소리가 저절로 나왔다. 집이 코앞이지만 구만리 같이 느껴졌다. 그렇다고 지나가는 사람을 붙들고 도와달라는 말은 하기 싫었다. 오른발을 끌다시피 하고 걸었다. 사람들이 오면 서서 기다렸다가 다시 걷곤 했다.

걸으면서 많은 생각들이 오고 갔다. 몸에 균형 감각이 떨어진 걸까? 그동안 운동을 꾸준히 하지 않아 다리에 힘이 빠진 걸까? 만약 발목뼈가 부러졌거나 금이 갔으면 어쩌지? 내 머릿속은 복잡한 생각으로 꽉 찼다. 온통 두려움과 걱정뿐이었다.

"너도 칠십 중반이다. 매사에 조심해야 돼."

이미 작고하신 아버지가 내게 늘 했던 말이 뇌리를 스쳤다.

집에 들어섰다. 신발을 신은 채로 거실에 발목을 쥐고 뒹굴었다. 나의 부주의로 다쳤지만, 서러움과 아픔이 한꺼번에 몰려와 눈물이 났다. 시골에서 병원에 갈 수 없었던 어린 시절, 발을 삐끗하면 엄마가 파 뿌리를 으깨어 붙여주던 생각이 떠올랐다. 다행히 요리에 쓰려고 대파를 썰어서 냉동실에 넣어둔 것이 있었다.

냉동실 문을 열었다. 나는 거즈 손수건 위에 얼려두었던 파를 싸서 다친 발목을 감싸 동여맸다. 파 냄새가 나며 시원한 느낌이 들어 살 것만 같았다. 파는 염증을 없애주고 혈액순환을 원활하게 해주는 것으로 알고 있다. 시계를 보니 오전 여섯 시 반이다. 병원 문을 여는 아홉 시까지 기다려야만 했다. 119를 부를까? 아니면 오늘 냉찜질을 하고 걸을 수 있으면 내일 가볼까? 머릿속으로 궁리하다가 걸어서 7분 거리에 있는 한의원에 온 것이다. 간호사가 내 이름을 크게 불렀다. 절룩이며 원장실로 들어갔다.

"에구, 다치셨어요?"

선생님이 눈을 동그랗게 뜨고 물었다. 오늘 아침 산에서 넘어졌다고 자초지종을 이야기했다.

"나이 들면 넘어지는 것이 제일 위험해요. 조심하세요."

원장 선생님은 발목을 이리저리 꾹꾹 눌러 살폈다. 복숭아뼈를 만질 때는 너무 아파서 크게 소리도 질렀다. 선생님은 발목 인대를 다친 것 같다며 혀를 끌끌 찼다. 오늘 치료해 보고 더 아프면 사진을 찍어보라고 한다.

냉찜질과 뜸을 뜨고 침도 맞았다. 침을 맞아서 그런지 발목이 덜 아팠다. 계산대 앞에 섰을 때 휴대폰이 울렸다. 큰아들이었다.

"엄마, 어디 편찮으세요? 목소리에 힘이 없어요."

아들이 걱정스러워 묻는다. 나는 우물대고 선뜻 대답하지 못했다. 아들 목소리를 듣고는 가슴에서 뜨거운 것이 올라와 목이 메었다.

'자식 목소리를 듣고 이런 적이 없었는데……. 나도 늙어서 마음이 약해졌나 봐.'

애써 감추고 살아왔던 마음을 들킨 것 같아 나오지 않는 헛기침을 했다.

"엄마, 집이 아니세요?"

"그래, 나 지금 시장에 잠깐 나왔어."

아들은 안심한 듯 전화를 끊었다. 아들이 걱정하는 것이 마음 내키지 않아 다쳤다고 하지 않았다. 가끔 몸이 아파도 자식들이 전화하면 큰소리로 밝게 대답하곤 했다. 그렇게 살아왔고, 그렇게 살고 있다.

간호사와 눈이 마주쳤다. 거짓말을 한 나는 쑥스러웠다.

"아프면 아프다고 하세요."

거스름돈을 내어주며 간호사가 웃었다. 밖을 나서는 내 등 뒤로 간호사의 말이 조용히 따라와 머문다.

'그럼, 아프다고 말할 걸 그랬나? 아냐, 말 안 하길 잘했어.'

문을 열고 나서니 이슬비가 내리고 있었다.

영정 사진

저녁을 마친 거실 한쪽 벽에 걸린 사진 앞으로 다가갔다. 가로 45cm, 세로 30cm 사진 다섯 장이 세로로 나란히 걸려 있다. 2015년 2월 남미 파타고니아에서 찍은 사진들이다. 거실 소파에 앉아 핸드폰을 들여다보고 있는 딸에게 넌지시 물었다.

"얘, 맨 위에 이 사진 어때?"

딸이 고개를 돌려 내가 가리키는 사진을 쳐다봤다.

"응, 엄마 파타고니아에서 찍은 사진 아냐?"

"맞아. 이걸로 내 영정 사진 해줄래?"

말을 툭 던지고 나는 딸의 표정을 살폈다. 섣불리 말한 것 같아서였다. 아직도 정정한데 벌써 무슨 영정 사진이냐고 딸이 펄쩍 뛸 줄 알았다. 하지만 딸은 담담하게 엄마가 정한 것이면 그렇게 하겠다고 한다.

영정 사진을 준비해 놓은 지 6년이 되었다. 하지만 어느 자식에게도 내 영정 사진을 정해 놓았다고 말하지 않았다. 뭐가 그리 급하냐고 싫은 소리를 들을 것만 같았기 때문이다. 그러던 차에 딸에게 말하고 나니 속이 후련했다. 영정 사진을 미리 정한 것은 어머니 영향이 크다.

어머니는 2015년 89세에 작고하셨다. 그때 어머니 영정 사진이 마음에 들지 않아 남동생에게 한마디 했던 일이 있다. 많은 사진 중에서 왜 하필이면 그 사진이었느냐고 말이다. 60세에 유방암 수술을 하고 투병 중에 아버지와 찍은 사진이었다. 영정 사진에 쓰려고 어머니 모습만 크게 확대한 것이다.

사진 속 어머니는 노란색 저고리를 입고 있었다. 옷고름은 짙은 대추색이다. 반듯하게 맨 옷고름과 흰색의 동정이 차갑게 보일 정도로 깔끔했다. 항암 치료로 숱이 없는 머리는 짧게 파마를 했지만 머릿속이 훤히 보였다. 얼굴은 푸석하고 쌍꺼풀이 있어 크게 보여야 할 눈도 작았다. 한눈에 보아도 환자 같았다. 평생을 병고에 시달렸던 어머니의 삶을 마지막까지 보는 것 같아 마음이 아팠다. 그때 나는 건강하고 밝은 모습을 자식들에게 남기고 가야겠다고 다짐했다.

그 후, 하루 날을 잡아 영정 사진을 골랐다. 이왕이면 자연과 함께한 사진을 원했다. 자연은 내가 살아오는 동안 심신의 쉼터였기 때문이다. 힘든 일이 있을 때나 기쁜 일이 있을 때나 자연은 나를 늘 품어주곤 했다. 영정 사진에 쓸 거라고 생각하며 고르려니 쉽지 않았다. 표정이 좋으면 배경이 없고, 배경이 좋으면 사진이 너무 작았다. 배경도 좋고, 자연스럽게 밝은 표정을 짓고 있는, 적당한 크기의 사진이어야만 했다.

반나절을 고심한 끝에 파타고니아에서 찍은 사진으로 결정했다. 남미 칠레 델파이네 국립공원 안 칠레 산장 정원에서 찍은 사진이다. 그때 내 부탁으로 20대 초반으로 보이는 여학생이 찍어주었다. 아르헨티

나에서 왔다고 했다.

사진 속의 나는 빨간 재킷을 입고 앉아 있다. 갈색 스카프로 이마를 질끈 동여맸다. 양털 방석이 깔린 나무 의자에 앉아 왼손을 둥근 테이블 위에 얹고 턱을 살짝 받치고 있다. 오른쪽 다리를 왼쪽 다리 위에 얹은 편안한 자세다. 내가 앉은 뒤로 2,000m가 넘는 화강암 토레스 삼봉 삼 형제 바위이 우뚝 솟아 있다. 아침 해가 막 떠올라 세 개의 봉우리를 황금빛으로 물들이고 있다. 아마 6시쯤 되었을 것이다. 아침 햇살을 온몸에 한아름 안은 내가 미소를 짓고 있다. 주위에는 분홍색, 보라색, 노란색의 디기탈리스가 무리 지어 피어 있다. 옆으로 그리 크지 않은 침엽수 한 그루가 있다. 나뭇가지마다 초록색 이끼들이 자라고 있다. 마치 실오라기를 걸어놓은 듯하다. 바로 내가 찾는 사진이었다.

이제는 딸에게 내 의견을 전달했다. 세상을 등진 후 자식들이 영정사진을 고르는 일을 덜어준 셈이다. 게다가 내가 직접 고른 사진이 아닌가. 그 속에는 건강하고 멋지게 산 내 모습이 고스란히 담겨 있다. 마음이 홀가분해졌다. 나는 뒷짐을 지고 사진 속의 나를 더 지켜보았다.

그곳에는 가볍게 떠날 내 삶의 흔적이 담겨 있었다.

일일 만 보 一日萬步

    2021년 7월 어느 날, 큰 조카딸음성 시누님 큰딸이 전화했다. 가족 건강을 생각해서 '워크온walk on'을 만들었으니 같이 걷자고 했다. 사실 만보 걷는다는 것이 쉽지 않은 것을 안 나는 선뜻 찬성하지 않았다. 게다가 어디에 매어서 걷는다는 것이 마뜩잖았다. 조카딸은 초등학교 교감으로 재직 중이다. 회원은 내가 가입하면 일곱 명이라고 했다. 시골 둘째 시누님84세, 응암동 셋째 시누님81세, 시댁 작은동서68세, 큰 시누님의 막내 며느리58세, 큰 조카딸55세, 둘째 조카딸51세, 그리고 나 75세다. 나는 '워크온' 앱에 가입하지 않고 일주일을 보냈다. 궁금하면 단체 카톡방에 큰 조카딸이 올리는 걸음 수 랭킹만 보았다. 시골 시누님은 하루에 4,900보를 걷고 있다. 응암동 시누님이 5,050보, 큰 조카딸이 7,800보, 둘째 조카딸이 10,944보, 동서가 9,550보, 조카며느리는 10,300보를 걷고 있었다. 가만히 보고만 있자니 내가 끼어들면 분명 일등은 나라는 생각이 들었다. 내 안에 잠자고 있던 승부욕이 스멀스멀 기어 올라왔다. 며칠이 지난 후 '워크온' 앱에 가입했다.

하지만 이상했다. 나름 잘 걷는다고 생각했는데 조카딸들과 조카며느리를 앞서기가 쉽지 않았다. 앞동산에서 땀을 뻘뻘 흘리고 오르내리며 2시간을 걸어야 10,500보가 된다. 그렇게 했음에도 나는 3등에서 벗어나지 못했다. 학교에 근무하는 두 조카딸들이 몇백 보 차이로 일등과 이등을 맡아놓고 했다. 저녁에 누워 머리를 굴려 골똘히 생각했다.

늘 걷는 것을 즐기지만 매일 만 보를 걷는다는 것은 정말 쉽지 않았다. 아니, 만 보를 걸어본 일이 거의 없었다. 한 달에 한 번 춘천 쪽으로 등산을 다녀오면 28,000보다. 가끔 걷는 서울대공원 산림욕장을 걷고 와야 25,000보쯤 된다. 그리고 일주일에 한 번 가양동 이마트를 걸어갔다 오면 7,300보가 조금 넘는다. 그러다 보니 한 달 평균을 내면 하루 걷는 것이 4,500보에서 5,000보쯤 된다. 그랬던 내가 요즈음은 매일 만 보 걷기를 하고 있다. '워크온walk on' 앱 때문이다.

드디어 조카딸들이 왜 1등 하는지 그 이유를 알았다. 학교에 근무하는 조카딸들은 늘 휴대폰을 지참하고 있을 것 같았다. 그러니 걸음 수가 많아질 수밖에……. 하다못해 화장실을 가도 갖고 다닐 것이라는 생각이 들었다. 반면 나는 밖에서 2시간을 걷고 나면 집에서 휴대폰을 들고 다닐 일이 없었다. 그것 때문에 뒤처진다는 생각이 들었다.

다음 날 아침, 눈을 뜨자마자 아들에게 말했다.

"엄마가 생각해 보았는데, 네 누이들은 하루 종일 휴대폰을 지니고 근무하니 내가 밀리는 것 같다."

"엄마, 그게 억울하면 엄마도 집에서 휴대폰을 옆구리에 차세요."

좋은 생각이었다. 입고 있던 고무줄 바지에 휴대폰을 여러 번 말아 몸에 착용했다. 껑뚱하게 올라간 바지 모양을 본 아들이 낄낄대고 웃는다. 거울 속 내 모습이 가관이었다. 내가 보아도 웃음이 났다. 꼭 그래야만 하느냐고 아들이 나를 놀렸다. 하지만 일등을 해보고 싶었다. '오늘은 내가 일등이겠지' 하고 워크온 앱을 터치했다. 큰 조카딸최ㅇㅇ 이름 밑에 11,840이라는 숫자가 눈에 들어왔다. 12,450보를 걸은 나를 바싹 따라오고 있었다. 600보 차이다. 안심할 수 없는 숫자다. 오늘만큼은 일등 자리를 내줄 수 없다는 생각이 불끈 솟았다. 시계를 보니 오후 8시 48분이다. 나는 베란다에 있던 손수레를 들고나왔다.

"엄마. 지금 밤 9시가 다 됐는데 어디 가세요?"

"응. ㅇㅇ이가 나를 제치게 생겼어. 물도 사 올 겸 더 걸어야겠어."

사실 마켓에 가는 시간이 늦기는 했지만, 한번 다녀오면 3,000보쯤 된다. 고집을 부리고 집을 나서는 내가 못마땅했는지 아들이 혀를 끌끌 찼다. 그러거나 말거나 아들 목소리를 뒤로하고 집을 나섰다. 그렇게 밤 9시에 시장을 다녀오니 10시가 가까워졌다. 걸음 수는 15,350보였다. 이쯤 하면 됐겠지? 설마 이 밤중에 누가 걸으랴 싶었다. 나는 자신 있게 휴대폰을 열어보았다.

어머나! 이게 웬일인가? 큰 조카딸과 500보 차이다. 하지만 나는 피곤해서 더 이상 밖에 나갈 수 없었다. 침대에 빨리 눕고 싶었다. 하지만 다 된 밥에 재를 뿌릴 수 없어 휴대폰을 들고 거실에서 무조건 빙빙 돌았다. 눈은 감겨오고 다리가 천근이었다. 견디다 못한 나는 할 수 없이 침대 위에 벌러덩 누웠다. 몸은 편했지만, 일등 자리를 눈 앞에서 놓치는 것 같아 뭔가 허전하고 씁쓸했다.

잠들기 전, 나는 걸음 수를 확인하고 싶어 휴대폰을 열었다. 순간 강한 불빛이 가뜩이나 피곤한 눈을 부시게 했다. 실눈을 뜬 눈동자에 힘을 잔뜩 주고 워크온을 터치했다. 어디를 걷고 있는지 큰 조카딸이 136보 차이로 나를 바싹 따라오고 있었다. 졸렸던 눈이 번쩍 떠졌다. 나는 휴대폰을 움켜잡았다. 침대에서 일어나 두 발로 섰다. 눈을 감고 제자리에 서서 다리만 움직였다. 완전히 비몽사몽이었다. 몇 분이 지났는지 가늠할 수 없었다. 다리가 무거워 더 이상 견디지 못하고 나는 침대 위에 고꾸라졌다.

"아이쿠, 이렇게 걷다가 내 명에 못 죽겠네. 2등이면 어때."

미련이 남은 나는 침대에 누워서 다시 휴대폰을 열었다. 큰 조카딸은 15,648보다. 내려오는 눈꺼풀을 치켜뜨고 지켜보았다. 조카딸의 숫자는 더 이상 움직이지 않았다. 내 걸음 수가 내 이름 밑에 위풍당당하게 나열되어 있다. 15,948. 300보 차이로 내가 1등을 했다.

10분만 있으면 자정이다. 침대 위에 두 다리를 뻗고 누웠다. 아슬아슬하게 이긴 것이 통쾌했다. 웃음을 참으려니 배꼽 언저리가 딱딱해졌다. 크게 웃고 싶었다. 하지만 아들이 놀라 깰까 봐 소리를 죽여 웃으려니 목울대가 바짝 조여들었다.

오늘도 나는 아침에 눈을 뜨자마자 휴대폰을 챙긴다. 홈드레스에 어울리지 않는 조그만 가방에 휴대폰을 넣고 둘러매었다. 정말 내가 보아도 어색한 모습이다. 하지만 집 안에서 걷는 걸음 수도 놓치고 싶지 않아서다. 일일 만 보 걷기 1등이 뭐 그리 중요하다고……. 나도 못 말리는 늙은이다.

김값 5천 원

　가계부를 꺼내 들춰보았다. 가계부에는 11월 20일 '김값 한 톳에 만 5천 원, 3톳에 4만 원 지출'이라고 적혀 있다. 한 톳에 만 5천 원이면 김값은 4만 5천 원을 지불했어야 했다. 오래되지 않은 일이어서 김값을 금방 확인할 수 있었다. 한눈에 보아도 김값을 잘못 계산한 것이 보였다. 사부인며느리 친정어머니에게 김값 5천 원이 덜 갔다. 그것도 모르고 2주 동안 사부인에게 서운했으니 다음에 어떻게 사부인을 봐야 되나 싶었다.
　김을 구우려고 냉동실에서 김 한 톳100장을 꺼냈다. 2주 전 사부인이 친정 언니 가게에서 사다 준 김이다. 사부인 친정 언니는 마산에서 건어물 가게를 하고 있다. 그동안 멸치와 김 등이 필요하면 마산에서 택배로 주문해 먹곤 했다. 마침 사부인이 마산 언니네 간다는 말에 김 3톳300장을 부탁했다. 시장에서 사는 것보다 훨씬 맛이 있어서다. 게다가 믿고 먹을 수 있어 좋다. 파래가 조금 섞인 김은 윤기가 흐르고 맛이 있어 보였다. 조금 뜯어 먹어보았다. 바다의 비릿한 냄새가 나면서도 달짝지근하다. 들기름을 발라 구우면 더 구수하고 맛있을 것 같았다.

며칠 후 사부인이 김을 가지고 왔다. 한 톳에 얼마냐고 물었지만 대답하지 않고 그냥 드시라고 한다. 그러면 다음에 필요해도 부탁을 못 한다고 다그치며 물었다. 사부인은 마지못해 한 톳에 만 5천 원이라고 했다. 나는 봉투에 아무 생각 없이 4만 원을 넣어 김값을 치렀다. 문제는 김값이 4만 5천 원인데 나는 3만 5천 원으로 착각했다. 그리고는 5천 원을 더 넣어준 것이라고 생각하고 있었다. 정말 그랬다. 그런데 2주가 지난 지금까지 사부인은 돈이 더 왔다는 말이 없었다. 이상했다.

김을 구우며 계속 김값에 몰두했다. 5천 원이 더 갔으면 돈이 더 왔다고 해야 되는 거 아닌가? 이제나저제나 무슨 말이 있을 것이라고 기다렸다. 아무 말이 없는 사부인에게 서운했다. 돈을 더 주고 생색내려는 것은 아니었지만, 이상하게 머리에서 지워지지 않았다. 따지고 보면 5천 원 더 가고 덜 간다고 누가 뭐라 할 사람은 없었다. 그렇게 생각하다가도 내가 4만 원을 넣는다고 3만 원을 넣었나? 하는 생각도 들었다. 아니다. 만 원짜리 4장을 분명히 넣었다. 김을 굽는 동안 내 머릿속은 온통 김값 생각뿐이었다.

가계부를 확인한 나는 얼굴이 화끈거렸다. 큰 실수를 한 것이다. 이 일을 어떻게 해야 되나 싶어 머리가 복잡해졌다. 당황스러웠다. 더구나 어려운 사돈 사이가 아닌가. 잠깐 오해하고, 생색내려던 마음을 들킨 것 같아 가계부에 적힌 대로 사진을 찍었다. 고의로 그런 것이 아니라는 것을 사부인에게 확인시켜 주고 싶었다. 마음이 조급해졌다. 사부인에게 전화를 넣었으나 받지 않았다.

"죄송합니다. 지난번 김값 계산이 잘못되었습니다. 김 굽다가 생각이 났습니다."

나는 가계부 사진과 문자를 보냈다. 늙으니 이런 실수도 한다며 이해해 달라고 했다.

"김값 잊으셔도 되는데……. 가끔 깜빡하는 것이 당연한 거죠."

사부인이 문자와 웃는 모습의 이모티콘을 보내왔다.

앞으로 점점 나이가 들 텐데 어떤 오해가 생길지 걱정된다.

위문을 왔으면 노래를 부르고 가야지

며칠 전, S의 안부가 궁금하여 전화를 걸었다. 힘이 없고 가라앉은 목소리는 많이 아픈 것 같았다. 뇌에 종양이 있던 것이 커져 몸이 점점 힘들단다. 이제는 바깥출입도 못 해 일주일에 두 번 요양보호사의 도움을 받고 있다고 했다. 그동안 코로나19 핑계를 대고 가지 못했던 것이 미안했다. 오래 이어져 왔던 우정을 내가 놓아버렸던 것 아닌가 싶었다.

S는 신길동 보라매공원 근처에 사는 여고 동창생이다. 10년 전 남편을 잃고 혼자 산다. 학창 시절에는 키가 커서 항상 뒷자리에 앉았다. 경우가 밝고, 인정도 많다. 동창 모임에 가면 재치 있는 말을 잘해 S의 한마디로 까르르 웃곤 했다.

마음이 급해졌다. 친구 서너 명에게 전화를 걸었다. 시간이 되면 3월 14일 신길동 S 집에서 11시에 만나자고 했다. 서초동 사는 H는 선약이 있다고 하고, 수원 사는 Y는 딸이 코로나19 확진이 되어 격리 중이란다. 만나지 못하는 것이 아쉬웠는지 오후에 전화한다고 한다. 갈 사람은 나와 J뿐이었다.

S 집에 도착한 것은 오전 10시쯤이었다. 벨을 눌렀다. 내가 온 것을 확인한 S가 현관문을 열어준다. 얼굴이 부석부석하다. 눈도 불편한지 자주 깜빡였다.

　"얘, 얼굴 잊을 뻔했어."

　나를 보고 반색을 한다. 얼마 되지 않아 방배동 사는 J가 들어섰다. 반가움에 신발을 채 벗지도 않고, 한쪽 발을 거실로 들여놓는다. 4년 만에 보는 얼굴이다. 2018년 여름, S가 양쪽 무릎 수술을 받았다는 소식을 듣고도 가보지도 못했다. 그 후 코로나19로 만나지는 못하고, 가끔 전화만 주고받았다

　친구들이 와서 좋은지 S는 냉장고에서 과일을 꺼내 쟁반 위에 수북하게 담았다. 딸기, 참외, 사과, 천혜향 등이다. 과일 먹으면 점심 못 먹는다고 해도 자꾸 깎았다. 나를 보고 하룻밤 자고 가라는 말도 곁들인다. 그동안 친구가 많이 그리웠나 보다.

　오후 3시가 조금 지났다. 참석하지 못한 H와 Y로부터 영상 전화가 왔다. 서로 얼굴을 보고 반가워 손을 흔들고 웃는다. 모습은 변했어도 웃는 목소리는 여전했다. 가랑잎 굴러가는 것만 보아도 깔깔대던 학창 시절의 그 목청이다. 사람은 늙어도 목소리는 변하지 않는다고 했던 말이 맞는 것 같다. 서로서로 건강하냐고 안부를 묻는다. 여든을 바라보는 할머니들이 한자리에 모여 떠들고 웃으니 집안이 들썩들썩한다.

　사실 30대 후반에 동창들이 모이면 연속극, 배우, 부동산 이야기가 주제였다. 몇 시 연속극에 누가 입은 옷이 멋지고, 강남에 아파트값이 얼마 올랐다는 이야기들이었다. 40대 중반이 넘자, 누구 아들과 딸이 어느 대학에 갔다는 소문이 모임의 화제였다. 그러더니 50대쯤에는 누

구 딸이 시집을 잘 갔고, 누구 아들과 며느리가 어떻다는 둥 자식 이야기였다. 60대가 되면서 옛날 학창 시절이 그립다며 모교 이야기로 바뀌었다. 주로 선생님들 이야기였다. 평범했던 선생님들은 대화에 오르지도 못했다. 성격이 독특했거나, 해박하고 잘생긴 선생님들이 대화의 주인공이었다. 그렇게 입을 모아 떠들면서도 어느 선생님이 돌아가셨다는 소식에는 숙연해지기도 했다.

하지만 칠십 중반이 넘은 지금은 모두 건강 이야기다. 돈이 많은 Y는 자고 일어나면 아픈 곳이 한 군데씩 늘어나 돈도 필요 없단다. J는 눈에 황반 변성이 와서 오른쪽 눈이 보이지 않아 불편하다고 하소연한다. 게다가 정신도 없어 금방 생각했던 말도 잊어버린다고 했다. 이제는 친구들 이름도 가물가물하단다. 맞는 말이라며 다들 맞장구를 쳤다.

H가 치매 걸리는 것이 제일 두렵다고 하자, 한마디씩 거든다. J는 머리가 아파 병원에 갔지만, 의사가 어디가 아프냐고 묻는데 대답을 못했단다. 가는 동안 머리가 아프지 않아서 잊은 것 같다고 했다. H가 그건 건망증이라고 결론을 내렸다. 그러자 S는 K가 치매인 것 같다고 털어놓는다. 어느 날 K가 S의 집에 놀러왔는데 거실까지 신발을 신고 들어왔다고 한다. 그래서 "신발을 벗어야지"라고 S가 고함을 질렀다고. 친구들은 그것도 아직은 치매가 아니라고 손사래를 쳤다. 누구는 식사 시간에 전화가 오면 밥공기를 전화기 대신 입에 대고 말하기도 한다고. 모두 박장대소를 했다. 그렇게 한바탕 웃고 떠들었다. 친구들은 나를 쳐다보더니 내가 제일 부럽다고 한다.

"너, 건강을 유지하는 비결이 뭐야?"

"매끼 콩밥에 봄에 뜯어온 산나물 먹는 것 외엔 없어."

"나물 뜯으러 갈 때 혼자 가지 말고 같이 가자 얘."

그때 S가 나서서 한마디 한다.

"얘들아. 꿈도 꾸지 마. 적어도 북한산 정상은 갔다 올 수 있는 체력이라야 해."

"뭐! 북한산? 우리 나이에?"

무릎이 아파서 못 간다며 모두 놀란다. 내게 좋은 것 있으면 혼자만 먹지 말고 나누어 먹자고 한다. 알았다고 하면서 속으로 생각했다. 다들 저렇게 아프다는데 나는 늘 건강함에 겸손해져야겠다고 말이다. 그렇게 웃고 떠들다 보니 오후 4시가 훌쩍 넘었다. 헤어질 시간이다. 그때 S가 한마디 했다.

"이봐 할망구들. 위문왔으면 노래를 부르고 가야지."

다들 무슨 노래가 좋으냐고 물었다. 내가 교가를 다 같이 부르자고 했다. 친구들은 멜로디는 알아도 가사가 기억나지 않는다고 한다. 친구들에게 나만 따라 하라고 했다. 그리고 큰소리로 부르며 한쪽 팔을 흔들어 박자를 맞췄다.

팔달산 옛 성 아래 만세의 반석/ 선녀의 거울 같은 호수 기슭에/ 구원의 향기 높은 배움의 전당/ 정답고 아름답다 우리의 모교/ ……/ 여성의 등대

노래는 중구난방이었다. 가사, 음정, 박자가 하나도 맞지 않았다. 다섯 명이 다 제멋대로였다. 하지만 교가를 부르고 난 친구들은 깔깔대고 웃었다. 그리고 눈가를 꾹꾹 누른다. 우리가 앞으로 교가를 몇 번이나 부르겠느냐고 말이다. 집으로 돌아오는 길 위에 친구들의 노랫소리가 잔잔하다.

의사의 경고장

뜬눈으로 밤을 새운 나는 오전 10시쯤 비뇨기과를 찾아 나섰다. 집에서 가까운 지하철 등촌역 근처 큰길가를 오르내리며 둘러보았다. 건물마다 병원이 들어가 있지 않은 곳이 없다. 한의원, 피부과, 내과, 치과, 이비인후과. 그러나 비뇨기과는 눈을 씻고 보아도 없었다. 차라리 종합병원으로 갈 걸 그랬나 싶었지만 이왕 나섰으니 더 찾아보기로 했다. 아랫배 통증은 걸을 때마다 고통스러웠다. 날씨는 왜 그리 습하고 더운지. 그렇게 30여 분을 찾아 헤매고 나서야 약국에 가서 물으면 알 수 있다는 생각이 들었다. 나는 약국 문을 열고 들어섰다. 170cm쯤 되어 보이는 키에 흰 가운을 입은 여자 약사가 반갑게 웃는다.

"어서 오세요."

"저어 선생님, 비뇨기과를 찾는데 어디 있는지 좀 알려주세요?"

"왜 어디가 불편하세요?"

"열도 나고 아랫배도 아프고 소변이 나오지 않아요."

약사는 잠시 기다리라고 하며 인터넷을 검색했다. 그러더니 '우리여

성산부인과'를 가보라며 위치와 전화번호를 적어주었다. 고맙다는 인사말을 남기고 나왔다. 하지만 약간 의아했다.

'아니, 비뇨기과를 물었는데 왜 산부인과로 가라는 거지?'

속으로 이런 생각을 하면서도 약사가 가르쳐 준 위치를 확인했다.

며칠 전, 한밤중에 춥고 떨려 잠에서 눈을 떴다. 새벽 2시. 여름 이불을 덮었지만 소용이 없었다. 아니 삼복더위에 이렇게 춥다니……. 나이 생각하지 않고 살았던 내 몸이 반란을 일으킨 것 같았다. 머리도 지끈거리고 아팠다. 열도 나는지 숨 쉴 때마다 코 밑이 뜨거웠다. 몸살인가? 아니면 코로나19? 에이 설마 죽기야 하겠어? 싶어 견뎌보기로 했다. 하지만 아랫배가 짓누르는 듯이 뻐근하고 아팠다. 소변이 시원하게 나오지 않았다. 휴대폰을 열어 '오한이 나며 아랫배가 아프고 소변이 나오지 않음'이라고 입력했다. 방광염이라고 나왔다. 방치하면 신장이 나빠져 병원 치료를 받아야 한다고 쓰여 있었다.

사실 나는 무슨 일이든 나이를 잊고 할 때가 많았다. 운동, 등산, 걷기 같은 활동이 아직 재미있어서 꾸준히 하고 있다. 하지만 이제는 80년 가까이 쓴 내 몸이 하나둘씩 큰기침을 하며 빨간불을 켠다. 피부질환과 비염이 내 몸에 자리를 잡는가 하면, 어깨와 목덜미가 아파 경락도 다닌다. 아프지 않고 사는 것이 모든 사람의 바람이지만, 세월이란 놈이 어디 그리 호락호락한가 말이다. 며칠 전부터 몸이 나른하고 어지러우며 머리가 흔들려 조심하라는 신호를 보냈음에도 무시해버렸다. 이러다 낫겠지, 하고 자중하지 않은 내가 문제였다.

결국에는 겨울 이불을 꺼내 덮었다. 춥기는 마찬가지였다. 물을 끓여 파쉬 물주머니에 넣어 안고 있으면 나을 것 같아 커피포트에 물을 끓였다. 왼손으로 물주머니 주둥이를 잡고 물을 부었다. 오른손이 떨리더니 왼쪽 손등으로 물이 쏟아졌다. 수돗물을 틀어 식혔지만, 손등은 벌겋게 부풀어 오르고 화끈거린다. 엎친 데 덮친 격이었다. 얼음찜질이 필요했다. 냉동실을 열고 꽝꽝 언 찰떡 한 조각을 꺼내 손수건에 싸서 왼쪽 손등에 감았다. 화끈대던 것이 점차 가라앉았다. 하지만 금방 나올 것 같으면서 나오지 않는 소변과 오한 때문에 잠을 잘 수 없었다.

산부인과는 등촌역 마을버스 정류장 앞 건물 3층에 있었다. 산부인과 문을 열었다. 내부가 핑크색과 흰색으로 되어 있어 깔끔하면서도 아늑했다. 환자는 나뿐이었다. 접수에 앉은 두 명의 간호사가 어떻게 오셨느냐고 묻는다. 나는 몸 상태를 자세히 답했다. 간호사는 소변 검사를 해야 될 것 같다며 일회용 종이컵을 내어준다.

소변을 받아 간호사에게 주고 5분쯤 기다렸다. 의사가 무슨 말을 할까? 건강 검진도 하지 않고 병원에서 소변 검사도 거의 한 일이 없는 나는 불안했다. 방광염이 아닌 다른 병명이 나올 것 같아 불안했다. 그때 내 이름을 부른다. 긴장된 마음으로 진찰실을 들어갔다. 50대 중반으로 보이는 여자 의사가 앉아 있었다.

"어르신, 방광에 염증이 심해요. 주사 맞고 약 잡수시면 호전될 겁니다."

다행이었다. 긴장했던 마음을 내려놓는 순간 의사의 말이 이어졌다.

"어르신, 무엇이든 무리하시면 안 돼요. 재발할 수 있어요."

"네, 알겠습니다."

의사가 내게 보내는 강력한 경고장이었다. 약 처방전을 들고 문을 나서니 소나기가 퍼붓는다. 우산을 폈다.

어르신, 칠땡은 너무 일러요

"아줌마, 머위나물 잘 먹었수."

노인 한 분이 길에서 나를 보고 아는 체를 한다. 나는 "네, 네" 하고 얼떨결에 대답만 했다. 머위나물 이야기를 하는 것으로 보아 경로당에서 뵀던 분이 틀림없었다. 손수레에 몸을 의지한 모습이 구부정하다. 머리에 둥근 모자를 푹 눌러쓰고 마스크를 하고 있어 눈만 보였다. 순간 머위나물을 경로당에 놓고 줄행랑쳤던 일이 생각나 웃음이 났다.

며칠 전, 오후 1시 반쯤이었다. 외출에서 돌아오던 내가 막 아파트 경비실 앞을 지나고 있을 때였다. 오십 대 초반으로 보이는 여자가 서류뭉치를 들고 경로당을 찾고 있었다. 푸른색 유니폼에 단발머리가 단정하다. 경비 아저씨가 여자에게 경로당은 아파트 105동 뒤편에 있다고 일러준다. 여자가 종종걸음으로 사라지는 것을 보고 경비 아저씨에게 물었다.

"오늘 경로당에 무슨 일 있어요?"

"네, 오후 2시부터 어르신들 당뇨, 혈압, 체크를 보건소에서 무료로 해준다고 하네요."

경비 아저씨는 치매 체크도 하고 예방하는 운동도 알려주니 내게 한 번 들러보라고 권했다. 갈까 말까 망설였다. 왜냐하면 평소에 나는 경로잔치가 있다고 해도 한 번도 참석한 일이 없었다. 경로당이라면 연로하신 분들만 가는 곳으로 여겨왔기 때문이다.

하지만 무료로 검사해 준다니 기회가 좋았다. 왜냐하면 건강 검진을 16년째 받지 않아서 내 혈당과 혈압이 궁금했기 때문이었다. 그리고 요즘 자꾸 뭔가를 깜빡깜빡할 때가 있다. 길을 걷다가도 어디를 가고 있는지 몰라 잠깐 서서 생각한 후 걸은 적도 있었다. 시장을 가야 하는데 나도 모르게 지하철역 에스컬레이터를 타고 내려가기도 했다. 치매가 오는 것 같아 걱정하고 있던 참이었다. 내친김에 경로당으로 발길을 돌렸다.

경로당 문을 열고 안으로 들어섰다. 내부는 생각보다 깔끔하고 넓었다. 20평쯤 되는 공간에 남자, 여자 거실이 나누어져 있다. 내가 들어선 여자 거실에는 조리대, 냉장고, TV, 식탁 등 살림집같이 있을 건 다 있었다. 긴 소파 위에는 언제 왔는지 일곱 분의 노인들이 나란히 앉아 있었다. 얼핏 보아 다 85세가 넘어 보였다.

출입문 입구에 가방을 내려놓은 나는 식탁 의자에 앉았다. 연로하신 노인들 사이에 우두커니 앉아 있자니 멋쩍어 괜히 왔다는 생각이 들었다. 하지만 이왕 들어왔으니 검사를 받아보자는 쪽으로 마음이 쏠렸다. 그런 나를 노인들은 힐끔거리며 수군댄다. 여차하면 질문을 퍼부을 것만 같았다. 아니나 다를까 5분쯤 지나서다. 일곱 분 중에 체격이 크고 목소리가 걸걸한 분이 몇 동 몇 호에 사느냐고 따지듯이 물었다. 나는 몇 동 몇 호에 사는지 대답했다.

"같은 동에 사는데 왜 나는 저 아줌마를 한 번도 본 일이 없지? 경로당은 처음이유?"

옆에 앉은 노인이 묻는 노인의 옆구리를 쿡 찔렀다.

"에이, 우리보다 젊잖아. 경로당 군번은 아닌 것 같은데."

목소리가 걸걸한 분이 재차 물었다.

"아냐, 머리가 허연 걸로 봐서는 나이 좀 먹었겠구먼. 몇 살 이유?"

"일흔일곱인데요."

노인 한 분이 손뼉을 쳤다.

"어머나, 칠땡이네. 난 팔땡인데."

내가 대답하는 말끝을 놓칠세라 얼굴에 검버섯이 많은 노인 한 분이 화투 명칭에 나이를 대입시킨다. 노인들은 그 말이 재미있는지 모두 웃었다.

누군가 영감 있느냐는 질문을 내게 던졌을 때다. 보건소에서 나온 직원 두 명이 손에 노트와 혈압계를 들고 들어왔다. 나는 그제야 노인들 질문에서 벗어날 수 있었다.

"어머, 지난번에는 열네 분이 나오셨는데 오늘은 여덟 분이네요?"

직원이 말하자 목소리가 걸걸한 분이 못마땅하다는 듯 투덜거렸다.

"몰라요. 경로당에 사람 잡아먹는 귀신이 있는지 모두 안 오네요."

그리고 한숨을 푹 쉬었다. 처음 간 내게 들으라고 한 말 같기도 했다. 사실 소문에는 내 나이에 경로당 가면 젊은 측에 속한단다. 그리고 점심을 해서 어르신들을 모셔야 한다니 어디 낸들 좋겠나 싶다.

노인들의 관심은 친구분들의 혈당과 혈압에 모아졌다. 보건소 직원이 수치가 좋아졌다고 하면 노인들의 표정이 밝아졌다. 조금 나빠졌다면 약을 먹지 않아서 그렇다는 핑계를 댔다. 내 차례가 왔다. 직원이 혈압계를 내 왼쪽 팔에 감았다가 풀었다. 혈압은 110에 65 정상이었다. 혈당을 잰다고 검지 끝을 찔렀다. 혈당이 80으로 나왔다. 직원이 깜짝 놀라며 눈을 동그랗게 뜨고 웃었다. 다 정상이라며 건강 관리를 잘했단다. 다행이었다. 그렇게 검사는 간단히 끝났다.

자리에서 일어나 가려고 할 때, 여직원 한 명이 들어섰다. 경비실 앞에서 본 여자였다. 의자를 한쪽에 놓고 앉은 여자는 자신을 치매 담당 원장이라고 소개한다. 모두 따라 하라며 쥠쥠 짝짜꿍부터 시작한다. 두 손을 오므렸다 폈다 두 번 하고, 손뼉을 두 번 쳤다. 그렇게 오른쪽과 왼쪽을 번갈아가며 하더니 마지막에는 '오라오라 짝짝, 가라가라 짝짝'을 했다. 할 수 없이 나도 따라 했다. 어르신들의 동작은 그야말로 방약무인傍若無人이었다. 웃음도 나왔지만 나와 어울리지 않는다는 생각에 괜히 왔다는 자책감마저 들었다.

'아니, 내가 지금 무얼 하고 있지? 이 소중한 시간에 나와 어울리지도 않는 동작을 따라 하고 있잖아. 이래 봬도 난 글도 쓰고, 탁구를 날아다니며 치는 사람인데, 게다가 다람쥐처럼 산을 오르내리는데, 쥠쥠 짝짜꿍이라니. 아유, 이건 아니지.'

내 머릿속은 그곳에서 빠져나올 생각으로 꽉 차 있었다. 마침 노인 한 분이 물 좀 마신다고 했다. 나는 이때다 싶었다. 그냥 일어서기가 미안했다. 마침 가방에는 지인이 준 삶은 머위나물이 있었다. 나는 나물을 조리대 위에 올려놓으며 말했다.

"얼마 되지는 않지만 어르신들 머위나물 맛있게 해서 드세요."

노인들이 왜 벌써 가느냐고 합창하는 말이 내 뒤를 잡았지만, 머위나물을 두고 줄행랑쳤다.

길에서 만난 노인은 경로당 이야기를 하며 나를 잡고 놓아주질 않는다. 요즈음은 나라에서 지원해 주는 것이 많아 경로당이 좋다는 둥, 친구가 있어 즐겁고 집에서 먹지 못하는 것을 경로당에서 먹는다고 자랑을 늘어놓았다. 바쁘다며 발길을 얼른 돌렸다.

"아줌마 나이가 칠땡이라 했수? 내가 점심 한 번 살 테니 경로당에 좀 나오슈."

노인의 기억력이 좋았다. 한 번 들은 내 나이를 기억하고 있으니 말이다. 나는 속으로 외쳤다.

'어르신, 칠땡은 너무 일러요.'

국가 공인 자격증

　얼마 전, 길에서 우연히 지인을 만났다. 동사무소에서 면허증을 반납하고 오는 길이라며 십만 원이 들어 있는 노란색 카드를 보여주었다. 앞으로는 나라에 돈이 없어서 주지 않을 수도 있다며 면허증이 있으면 빨리 반납하라고 했다. 처음 듣는 소리에 귀가 솔깃했지만, 십만 원과 바꾼다는 것이 탐탁지 않았다. 그리고 면허증 속에는 많은 사연이 있어 선뜻 내키지 않았다. 그렇게 하루하루가 지나갔다. 그러던 어느 날 지갑을 열고 면허증을 보는 순간 '내가 살면 얼마나 산다고' 하는 생각이 들었다. 이내 반납하기로 마음을 굳히고 동사무소로 향했다.

　내게는 유일한 국가 공인 자격증이 있다. 30년 무사고 녹색면허증이다. 그럴 수밖에 없다. 면허증을 발급받은 후, 나는 한 번도 운전을 하지 않았으니 말이다. 누가 자동차 이야기를 하면 나는 무사고라고 큰소리치고 당당했다. 남편의 반대에도 내 고집을 꺾지 않고 땄던 자격증이라 더 애착이 갔다.

　한 달에 한 번씩 만나는 모임에서 친구들도 내게 왕왕거렸다. 한 살이라도 젊어서 운전면허를 따야 한다고 말이다. 그때마다 남편 의중을 떠보았지만, 심장이 약한 사람이 운전하면 안 된다고 잘라 말했다. 사실 나는 걸핏하면 잘 놀랐다. 누가 등 뒤에서 말만 해도 깜짝 놀라 심장이 마구 뛰었다. 가끔은 손에 들고 있는 것을 놓치거나 털썩 주저앉는 일도 있었다. 그러다 보니 아이들과 남편은 먼저 인기척을 낸 다음 나를 불렀다. 그뿐만이 아니다. 남편이 운전하는 옆 좌석에만 앉아도 맞은편에서 오는 차와 부딪힐 것만 같아 몸을 움찔거렸다. 하지만 요즈음은 웬만한 것에는 끄떡도 하지 않는다. 그동안 겁도 없이 높은 산에 오르고, 오지를 여행한 덕에 그런 증세가 없어진 것 같았다. 지금 상태라면 아마 팔도강산을 운전하며 다니고도 남을 것이라는 생각이 든다.

  1975년, 마흔여덟 살 되던 해 봄이었다. 어느 날 자주 가는 동네 서점에 우연히 들렀다. 서점으로 들어서자마자 그날따라 《운전면허 필기시험 문제집》이 눈에 들어왔다. "앞으로는 마이카 시대가 분명히 올 거야. 그렇게 되면 운전면허는 필수거든?" 친구들이 했던 말들이 귀에 옹골지게 와서 박혔다. 문제집을 한 장씩 넘겨보며 살까 말까 망설였다. '에구 면허증 따면 뭐 해. 운전도 못할 텐데.' 그러면서도 친구 여덟 명 중에 나만 운전면허증이 없다는 것이 마음에 걸렸다. 남편에게 싫은 소리 듣더라도 내 고집대로 한번 해보려고 문제집을 샀다.

  그날 저녁 나는 문제지를 식탁 위에 올려놓았다. 그리고 조그만 메모지에 '면허증만 취득하고 운전은 하지 않겠음'이라고 써서 붙여놓았다. 남편은 보고도 아무 반응이 없었다. 알아서 하라는 뜻으로 받아들였다. 그 후, 시간이 날 때마다 틈틈이 공부했다.

  필기 점수는 88점이었다. 그날로 기능시험을 볼 수 있는 자격이 주어져 기능시험 등록을 마쳤다. 그리고 강서면허시험장에 가서 5일 동안 하루에 30분씩 연습했다. 기능시험을 보던 날 비가 억수로 쏟아졌다. 바짝 긴장되었다. 운전석에 앉아 안전벨트를 매고 방향지시등을 켰다. 와이퍼를 겨우 작동시키고 기어 변속을 하는데 잘했던 것이 한 번에 되지 않았다. 다시 시도하려고 할 때 '삐이익' 하는 소리가 났다. 불합격이었다. 달려보지도 못하고 운전석에 앉았다가 내려야만 했다. 차에서 내리는데 온몸의 힘이 빠졌다.

　면허증을 들고 나가려니 비가 많이 내렸다. 이렇게 비가 오는 날 누군가도 운전 기능시험을 볼 것이다. 모두에게 떨지 말고 잘해 주었으면 하는 응원을 보냈다. 나 같은 사람이 없기를 말이다.

　그렇게 기능시험에서 보기 좋게 떨어졌다. 틈나는 대로 남편에게 연습 좀 시켜달라고 했지만, 바쁘다며 쉽게 응해 주지 않았다. 면허증 가져봐야 운전도 하지 못할 것이라고 대수롭지 않게 생각하는 것 같았다. 결국 남편은 두 번 정도 일산 신도시 넓은 공터에 나를 데리고 갔다. 그 덕에 2시간씩 연습할 수 있었다. 문제는 바닥이 고르지 않아 운전하는데 덜컹거리고 불편했다. 남편이 시키는 대로 해도 잘되지 않았.

　평소에 말이 없던 남편의 잔소리가 한마디씩 나왔다. 커브길에서 너무 빠르다, 좀 느리게 가면 늦다, 도무지 갈피를 잡을 수가 없었다. 당황하니 더 헤맬 수밖에 없었다. 잔소리 듣는 것도 한두 번이었다. 계속 듣다 보니 부아가 치밀었다. 그러나 배우는 입장이라 꾹 참았다. 그저 속으로 웅얼대기만 했다. 마침내 두 번째 본 기능시험에서 당당히 합격했다. 하지만 남편과 약속한 것이 있어 그 후 운전하지 않았다.

　동사무소 문을 열고 들어섰다. 운전면허증을 반납하러 왔다고 하니 종이 한 장을 준다. 한 번 반납하면 다시 취득할 수 없다는 내용이었다. 사인해서 제출했다. 2분쯤 지나자 여직원이 노란색 카드 한 장을 내어 준다. 카드는 모든 교통수단을 다 이용할 수 있고, 물건 구입할 때는 편의점에서만 사용 가능하단다. 이제 내게는 국가가 공인한 자격증이 아닌 '면허증 반납 어르신 교통카드'가 있다. 손도 마음도 텅 빈 것 같았다. 하지만 생각을 바꾸었다. 나와 영원히 함께할 수 있는 것은 아무것도 없다고 마음을 추슬렀다.

'이 카드를 가지고 어디를 한번 가볼까?'

나는 운동 삼아 늘 걸었던 교보문고가 있는 오목교를 가기로 했다. 02번 마을버스에 올랐다. 단말기에 카드를 대었다. 99,000원이라는 숫자가 찍힌다. 자리 잡고 앉아 카드를 다시 꺼내보았다.

"어르신, 다음은 어디로 모실까요?"

카드는 그렇게 내게 물어오는 것 같다.

제6장

때로는 잔잔하게,
때로는 묵묵히

목동댁으로 살았던 곳

컴퓨터 앞에 앉았다. 글을 써야 하는데 잘 써지지 않는다. 두 손을 늘어뜨리고 우두커니 창밖을 본다. 비가 내리려는지 하늘은 잔뜩 찌푸리고 있다. 마치 심술궂은 시어머니 얼굴 같다. 그렇게 희뿌연 속에 우뚝 솟은 나무 우듬지에 까치둥지가 보인다. 얼마나 튼튼하게 잘 지었는지 북풍한설 한파에도 끄떡없이 버티고 있다. 내가 목동에 뿌리를 내리고 살았던 삶이 까치둥지에 겹쳐 다가선다.

1978년 봄, 결혼한 지 5년 만에 집을 장만했다. 응암동에서 살던 전셋돈과 은행 빚을 얻어 목2동에 땅 40평을 사서 집을 지었다. 아래층이 20평, 위층이 20평인 이층집이었다. 내가 집을 지었던 땅은 80평 한 필지였다. 큰댁에서 40평을 먼저 사서 집을 짓고 남은 땅이다. 나는 땅을 사기 전에 많이 망설였다. 큰댁과 대문을 나란히 하고 살아야 했고, 주변에 집이라고는 조그만 목동중앙교회와 큰댁만 있었기 때문이다. 결국 나는 시아버님의 강력한 권유로 그 땅에 집을 짓기로 했다.

목동에 땅을 사서 집을 짓는다고 해도 사람들은 목동이 어딘지 잘 몰랐다. 그런 이유 때문인지는 몰라도 땅값은 저렴했다. 기억으로는 평당 2만 원을 주었던 것 같다. 한마디로 촌 동네였다. 하지만 내 집이 생겼다는 사실에 꽤 흡족했다. 변두리였지만 서울 원 안에 안착했다는 생각에 위로도 되었다.

집을 지은 후 아이들과 셋집에 살지 않아 좋았다. 하지만 불편한 것이 많았다. 포장되지 않은 길은 비만 오면 질퍽거렸다. 남녀노소 할 것 없이 바지와 치마를 걷고 걸어야만 했다. 마누라 없이는 살아도 장화 없이는 못 산다는 말도 있었다. 아이들도 밖에서 놀다 들어오면 신발과 옷이 엉망이었다. 시장만 한 번 다녀와도 그랬다. 게다가 근처에 병원도 없었다. 염창동에 교남의원이 있었지만 신통치 않았다. 잘 낫지도 않아 아이들이 아프면 한강을 건너 동교동까지 버스를 타고 갔다. 버스도 20분 만에 한 대 정도 다녔다. 봄과 가을에는 견딜만했다. 하지만 추운 겨울이나 여름에는 힘들었다. 그랬다. 동창들은 모든 것이 불편한 곳에 산다고 해서 나를 '목동댁'이라고 불렀다. 처음 들었을 때는 '목동댁'이라는 말이 귀에 거슬렸다. 내게도 부모님이 지어주신 이름이 있거늘 친구끼리는 이름을 불러야 한다고 생각했다. 하지만 여러 번 듣다 보니 대수롭지 않았다.

그때 강남은 밭과 논에 아파트가 들어섰다. 부동산에 발 빠른 친구들은 이미 강남으로 이사 갔다. 동창들은 나에게 집을 팔고 강남으로 오라고 종용했다. 나와는 거리가 너무 먼 이야기라 한쪽으로 듣고 흘려버렸다. 하지만 이대로 목동에서 계속 살아야 하나, 아니면 무리해서라도 강남으로 이사 갈까. 갈피를 잡지 못해 머릿속이 어수선했다. 아이들 교육을 생각한다면 목동을 떠나야 했다. 그럼 나도 집을 팔고 강남으로 이사를 가볼까, 생각한 적도 있었다. 만약 간다면 은행 빚을 더 얻어야 했다. 한편으로는 아이들과 살아야 할 것도 염두에 두어야 했다. 그때 큰애가 일곱 살, 둘째가 다섯 살, 막내는 세 살이었다. 이사를 하려면 큰애가 초등학교 입학하기 전에 가야 했다.

집은 새집이어서 깨끗하고 좋았다. 하지만 겨울에는 집이 추웠다. 방에서 마루만 나서면 시베리아같이 추웠다. 아이들이 방문을 열고 나가면 까치발을 하고 경중경중 뛰었다. 걸레도 쾅쾅 얼었다. 마루 한켠에 라디에이터가 있었지만, 워낙 마루가 넓고 천장이 높아 제기능을 하지 못했다. 집을 짓고 난 후 하자가 한두 개씩 생겼다. 지하실에 물이 스며들어 장마철이면 꼬박 밤을 새우다시피 하고 물을 퍼냈다.

어느 봄날이었다. 동창 모임의 총무를 맡은 H가 전화했다.

"목동댁, 이번 모임 너희 집에서 하는 거 어때?"

아홉 명이 한 달에 한 번씩 돌아가며 집에서 모이는 여고 동창 모임이었다. 나는 내 차례가 아니라고 했다. H는 동창들이 땅에 묻은 우리 집 김치를 먹고 싶다고 했단다. 사실 40년 전만 해도 김치냉장고가 없을 때였다. 그때 나는 김치를 땅에 묻어 3월이나 4월까지 먹었다. 결국은 싫다고 말하지 못했다. 내 집에 온다는 친구들을 마다할 수 없어서였다.

친구들이 온다고 해도 많은 음식을 준비하지 않았다. 총각김치, 보쌈김치, 배추김치, 쪽파김치, 그리고 무나물, 콩나물로 상을 차렸다. 상 가운데에는 고기와 야채를 듬뿍 넣은 잡채를 푸짐하게 올려놓았다. 그렇게 차리기만 해도 친구들은 맛있다고 너스레를 떨었다. 점심을 다 먹고 난 후에 대화는 아파트와 학교 이야기였다. 강남의 아파트가 얼마나 오르고, 그래서 얼마를 벌었다는 둥. 아이들 교육 때문에 은행 빚을 내서 이사했다는 둥.

동창들을 보내고 텅 빈 방에 들어섰다. 빈자리를 닦아내는데 H의 카랑카랑한 목소리가 떠나지 않고 맴돌았다.

"목동댁, 너 늙어서 강남 올래? 목동은 개발되려면 30년은 있어야 한다니까."

"너, 앞으로 아이들 교육도 생각해야 해."

"내가 강남 가면 너희들 맛난 김치 못 먹어."

나는 김장 김치로 H의 입을 막았다. 그렇게 말을 받았지만 마음은 편하지 않았다. H의 말이 맞는 것도 같았다. 많은 생각들로 머릿속은 어수선했다. 나만 현실에 밝지 못하고 뒤처져 살고 있는 것 같았다. 공허한 마음이 들었다. 방을 닦는 손에 힘이 스르르 풀렸다. 부엌에 들어서니 설거지 그릇이 산더미같이 쌓여 있었다. 수돗물을 틀었다. 차가운 물이 손끝을 매섭게 찰싹 때렸다. 순간 수도를 틀면 뜨거운 물이 콸콸 쏟아졌던 Y의 아파트가 생각났다. 집안도 훈훈했다. 추운 겨울철에도 아이들이 반팔을 입고 뛰어놀았다. Y가 반팔 홈드레스를 입고 거실을 누비고 다니던 모습이 얼핏 스쳤다. 눈을 질끈 감았다가 다시 떴다. 그래도 목동에서 살아야지. 남들도 다 사는데…….

그렇게 나는 달떴던 마음을 잠재우며 살았다. 그동안 아이들은 무탈하게 잘 자랐고, 목동은 하루가 다르게 변해갔다. 버스에서 내려 집까지 들어오는 길도 말끔하게 포장되었다. 예금취급소로 조그만 이름표를 달았던 은행도 지점이라는 큰 간판이 붙었다. 1989년 목동 아파트 대단지가 들어섰다. 아이들이 학교에서 돌아오면 올챙이와 메뚜기를 잡고 놀던 곳이었는데 조금씩 조금씩 변해갔다. 그 뒤로 이화대학교 부속병원도 세워졌고, 양정고등학교와 진명여자고등학교도 목동 단지로 옮겨 왔다.

마을버스가 다니기 시작했다. 김포공항로도 4차선에서 8차선으로 넓어졌다. 자고 일어나면 목동은 꿈틀대며 기지개를 켰다. 하나둘씩 높은 건물이 들어서는 것이 눈에 보였다. 2009년에는 지하철 9호선도 개통되었다. 서울 여느 곳 못지않게 버스 노선도 많아 편리해졌다. 공항로에 삼성 매장과 서비스센터가 들어왔다. 그 옛날 흙먼지 날리고 아무도 알아주지 않았던 목동이 촌 동네에서 벗어났다. 나도 물을 틀면 뜨거운 물이 콸콸 나오는 아파트에 살고 있다.

내가 목2동에서 산 지도 어언 45년이 되었다. 목동은 삼 남매가 배움을 익히고 자란 고향이기도 하다. 그동안 아이들 교육 때문에 전전긍긍하며 살았다. 지금은 아이들 모두 제자리에서 성실하게 살고 있다. 그러면 되는 것 아닌가?

친구의 안부 전화다.

"얘, 정수야, 잘 있니?"

이제 나를 목동댁이라고 부르는 사람은 아무도 없다.

생일이 뭐가 중요해

　내일은 나의 일흔세 번째 생일이다. 해마다 자식들은 내 생일 전에 전화하고 문자를 보내오곤 했다. 하지만 생일 하루 전날인 오늘도 해가 다 넘어가도록 소식이 없다. 그렇다고 전화해서 "내일이 내 생일인 것 아니?" 하고 묻는 것도 마음이 내키지 않았다. 한편으로는 무슨 일들이 있나 궁금했다. '어디가 아픈가? 아니면 다들 바빠서 엄마 생일을 잊었나? 그래도 그렇지 삼 남매가 다 잊고 있다니 말도 안 돼'라고 혼자 중얼거렸다. 이해해야지 하면서도 혹시 전화라도 올까 하는 마음에 벨 소리에 귀를 쫑긋 세우고 있었다.

　칠십이 넘도록 생일은 음력으로 지냈다. 자식들이 날짜에 신경 써야 한다는 것을 알고 있었다. 하지만 왠지 양력으로 하면 내 생일이 아니라는 생각이 들어서였다. 그렇게 음력을 고집하는 엄마가 자식들은 싫었겠지만, 지금까지는 아무 일 없이 내 생일을 잊지 않고 챙겨주었다. 그런 자식들이 고마우면서도 "생일이 뭐가 중요하냐"고 입버릇처럼 말했다.

어찌 되었든 무소식이 희소식이라는 말이 있어 마음에 두지 않기로 했다. 하지만 머리 한구석에 자리 잡은 서운함이 자꾸 꿈틀거렸다. '누군가 전화하겠지'라는 생각에 은근히 전화 오기를 기다렸다.

해는 이미 서쪽으로 넘어간 지 오래다. 시계는 9시가 조금 넘었다. 텔레비전을 보아도 눈에 들어오지 않았다. 우두커니 앉아 전화 기다리는 내가 처량했다. 기분이 우울해 침대에 누웠다. 잠이 오지 않았다. 살다 보면 그럴 수도 있는데 '나도 늙었구나' 하는 생각이 들었다. 하지만 그것은 잠시뿐이었다. 섭섭한 마음이 고무풍선같이 불어났다. 독일 사는 딸은 잊지 않았겠다 싶어 전화기를 베개 옆에 놓고 기다렸다.

밤 12시가 넘었다. 독일 시간으로는 오후 4시다. 딸은 전화할 줄 알았는데 전화가 없다. 순간 괘씸한 생각이 들며 한숨이 나와 벽을 보고 돌아누웠다. 그동안 나도 자식들에게 말 못 하고 참아왔던 일들이 벽면을 빼곡히 채운다. 반대로 누워 몸을 웅크렸다. 마음이 불편하니 몸도 편하지 않았다. '내가 왜 이렇게 신경 쓰지?' 하며 마음을 바꾸어도 머리 한쪽에서 생일이라는 두 글자의 골이 깊게 패어갔다. 그렇다고 내 생일이라 하여 아침밥을 자식들과 같이 먹은 일은 거의 없는 것 같다. 모두들 내 생일 전, 주말에 찾아와 축하해 주고 외식을 같이했다. 그렇게 했기 때문에 막상 내 생일날 아침은 혼자였다.

아침 6시에 눈을 떴다. 지난밤 잠을 설쳐 그런지 머리와 몸이 무겁고 입안이 깔깔했다. 일어나지 않고 그냥 누워 있고만 싶었다. 아무것도 먹고 싶지 않았다. 어머니가 하셨던 말이 귓전에 맴돈다. 생일에는 미역국을 먹어야만 억울한 말을 듣지 않는다고 말이다. 하지만 기분이 찹찹하여 나 먹자고 국 끓이는 일도 귀찮았다.

냉장고 문을 열었다. 들기름을 발라 구워 놓은 김이 보였다. 자식들이 오면 주려고 직접 구워 커다란 밀폐용 그릇에 담아놓은 것이다. 엄마가 구운 김이 맛있다고 하여 자식들이 오면 늘 손에 들려 보내곤 했다. 하지만 나의 정성과 마음이 담긴 김을 가지고 가야 할 주인들은 오지 않았다.

　반찬 꺼내는 것도 번거로웠다. 식탁 위에 김치만 덜렁 꺼내 놓았다. 찬밥 한 수저를 물에 말았다. 삼키는데 서러움이 밀고 올라와 울컥했다. 그래도 눈은 전화기에 가 있었다. 조용하다. 더 이상 음식이 목에 넘어가지 않았다. 남은 음식을 버렸다. 설거지도 하기 싫어 물만 부어놓았다. 시계를 보니 10시 30분이다. 어디로 훌쩍 나가고 싶었다. 어디를 갈까? 한참을 망설이다가 옷장 문을 열었다. 산에 가려고 등산복을 꺼내 입었다. 배낭과 스틱도 챙겼다.

　막 현관문을 나설 때였다. 휴대폰에서 카톡 카톡 소리가 났다. 휴대폰을 주머니에서 빨리 꺼내 열었다. "언니, 생일 축하해"라는 문자가 뜬다. 여동생이었다. 연달아 남동생들이 축하한다는 문자를 보내왔다. 하지만 내 자식들에게서는 연락이 없었다. 다독였던 마음이 다시 고개를 들었다. 순간 마음을 가라앉혔다. 바쁜 세상에 살다 보면 엄마 생일을 잊을 수도 있다고, 별일도 아닌 것에 내가 너무 신경 쓴 것 같다고. 생각해 보면 내게도 잘못이 있었다. "생일이 뭐가 중요하냐"고 입방정을 떨었으니 말이다. 차라리 가만히나 있을 걸 그랬다. 밖으로 나서니 입추가 지난 바람이 선선하다.

알면 됐어

청계산 전철역에 10시 5분에 도착했다. 약속 시간보다 일찍 왔다. 정말 오랜만에 친구들을 볼 생각에 서둘러 왔다. 자리가 있어도 앉지 않았다. 친구도 나처럼 일찍 오지 않았나 싶어 두리번거리며 서성였다.

그때다. 노란색 등산복 재킷을 입은 여자가 확 눈에 들어왔다. 164cm쯤 되는 키에 감색 둥근 등산 모자와 까만색 선글라스를 쓰고 있었다. 하얀색 마스크를 하고 있어 얼굴을 볼 수 없는 나는 멈칫거렸다. 여자가 가까이 와서 하얀색 장갑을 낀 주먹을 내 앞에 불쑥 내밀었다. 나도 얼떨결에 주먹을 내밀어 부딪혔다.

"어머, 너, ㅇㅇ니?"
"그래, 난 카카오톡에 올린 네 사진을 늘 봐서 한눈에 알아봤어."

순간 서로가 목소리만 듣고 확인했다. 이렇게 만나다니 그것도 66년 만에 말이다. 꿈만 같아 가슴이 콩닥거렸다.

며칠 전, 아침 10시에 이마트 가는 길에 휴대폰이 울렸다. 친구 P였다. 반가워 웬일이냐고 물었다.

"너, 4월 8일 목요일에 시간 되니?"

그날은 오후 7시에 글쓰기 수업이 있는 날이었다. 다음 날로 미루고 싶었지만 약속을 했다. 왜냐하면 그동안 친구와 전화만 하고 66년 동안 한 번도 만나지 못했다. 약속해 놓고 하루 종일 마음이 들떠 일이 손에 잡히지 않았다. 마음이 설레어 잠도 오지 않아 뒤척였다.

우리가 처음 만난 것은 1954년 경기도 화성시 청룡초등학교 1학년 때다. 지금부터 70여 년 전이다. 나는 세 살 된 여동생을 업고 산등성이를 넘어 P네 집을 내 집처럼 드나들었다. 그곳에서 1학년과 2학년을 보내고, 선생님이었던 아버지를 따라 3학년 봄에 마산초등학교(화성시)로 전학을 갔다. 그렇게 헤어진 후, 서로 소식을 모르고 많은 세월을 보냈다.

원터골 등산로 입구로 가는 길 터널에서는 할머니들이 과일, 나물, 야채들을 팔고 있었다. 터널을 벗어나니 아웃도어 매장들이 길옆에 줄지어 있다. 활짝 피었던 벚꽃이 며칠 전 내린 비와 바람에 떨어져 길 위에 하얗게 쌓여 있었다. 연둣빛 잎들이 눈을 시원하게 한다. 정오의 따가운 봄볕이 정수리에 박히는 듯했다.

우리는 매봉으로 오르는 길로 들어섰다. 돌계단이 끝도 없이 보였다. 숨이 차올라 마스크를 벗고 싶었다. 친구는 마스크를 쓰고도 이야기를 쉴 새 없이 잘한다. 청계산역을 빠져나오며 시작했던 남편 이야기를 주저리주저리 이어가고 있었다. 마치 가슴에 맺힌 것을 풀어내려는 듯 끊임없이 쏟아냈다. 맏아들이었던 남편이 착해서 친구는 시댁 식구들 뒤치다꺼리를 많이 했단다. 결국에는 주름만 남았다며 모자를 훌렁 벗고 주름진 이마를 내 앞에 내밀었다. 이마에는 정말 굵은 주름 두 개가 가로로 푹 패여 있었다.
 "그래, 너 정말 마음고생 많이 했구나."
 속시원하게 위로할 말이 생각나지 않아 얼버무렸다. 사실 오늘 친구를 만나면 70여 년 전 이야기를 하며 웃고 싶었다. 강원도 원주로 4년 전 귀농해서 사는 친구의 삶도 궁금했다. 하지만 친구는 내가 묻는 말에는 짤막하게 대답만 했다. 처음 만난 친구를 배려해 두 귀를 열어놓는 것으로 예의를 지켰다. 유년 시절의 좋은 추억을 들고 다녔던 내 마음이 다칠 것 같아서였다.
 매봉 쪽으로 거의 한 시간을 올랐다. 원터골 쉼터에 도착했을 때 자기 말만 하던 친구는 숨이 가빴는지 그늘진 의자에 앉아 쉬자고 했다. 우리는 길옆에서 조금 떨어진 곳에 자리를 잡았다. 코로나19가 아니면 여섯 명이 앉을 수 있는 탁자에 둘이 마주 보고 앉았다. 앉자마자 친구는 가방에서 인절미, 토마토, 청포도를 꺼내놓는다. 거칠고 굵어진 친구의 손마디가 내 눈에 들어왔다.
 "나, 고생 많이 했어. 네 손에 비하니까 난 머슴 손 같다."
 그렇게 말하며 두 손을 비빈다. 나는 얼른 화제를 어린 시절로 바꿨다. 저수지 둑에서 치마 걷고 누구 오줌이 많이 나가나 시합했던 일을 꺼냈다. 친구는 생각난다며 아들밖에 몰랐던 아버지였다며 남자가 되고 싶어 오빠들 흉내 냈다고 했다. 말이 떨어지자마자 우리는 약속이나 한 듯이 깔깔대고 웃었다.
 한 번 웃고 난 친구는 친정 이야기를 한다. 아들만 알았던 부모님의 편견이 동기간의 우애를 다 끊어놓았단다. 재산을 다 가지고 간 오빠들은 부모를 돌보지 않아 부모님은 요양원에서 작고하셨다고 한다. P의 말은 그동안 전화로 들어 모두 아는 이야기였다. 하지만 친구 말에 귀 기울여 주었다. 물론 맞장구도 쳤다. 그렇게 이야기하다 보니 오후 2시가 훌쩍 넘었다. 이게 뭐야? 그렇게도 할 말이 없나? 원터골 쉼터에서 오래 앉아 친구 이야기를 듣고 있자니 슬그머니 짜증도 나고 지루했다.

남의 속도 모르고 친정 이야기를 하던 친구는 갑자기 학벌 이야기로 옮겨갔다.

"너네 애들 어디 대학 나왔다고 했지?"

대학이라고 간판이 붙은 곳을 나왔다고 했다. 직장이 어디냐고 다시 묻는다. 그냥 밥 먹고 산다며 웃어넘겼다. 그러자 친구는 남편, 아들, 딸이 명문대학을 나왔다며 연봉 이야기를 들먹였다. 미국에 사는 아들은 워싱턴대학을 나와 미국에 살고 있단다. 딸도 머리가 좋아 공부를 잘해 연봉 2억이 넘는 곳에서 일한다고 했다. 게다가 손자와 손녀가 공부도 잘하고 잘생겼다며 침이 마르도록 자랑한다.

"너, 자식 농사 진짜 잘 지었구나. 좋겠다."

내 한마디에 친구는 신이 나서 감정을 주체하지 못했다. 입안에 인절미 덩어리가 튀어나오는 줄도 모르고 계속했다. 그런 친구의 모습을 보며 나는 나대로 유년 시절로 돌아갔다. 저수지에서 고무신을 벗어 머리를 맞대고 민물새우와 우렁이를 잡았다. 양지바른 산비탈에 둘이 나란히 앉아 칡뿌리를 씹어 삼켰던 옛날 친구 P가 내 앞에 앉아 있다. 하지만 70여 년의 세월은 우리를 각각 다른 곳으로 실어다 놓았다. 내 머릿속에서 오랫동안 간직한 때 묻지 않았던 기억들이 뿌리째 흔들리고 있었다. 시간이 흐를수록 친구의 말과 행동이 점점 낯설게 느껴졌다.

원터골 쉼터에 앉아 있던 나는 시계를 보았다. 오후 4시 20분이다. 궁둥이도 아파 자리를 털고 일어났다. 산골짜기에서 불어오는 바람이 싸늘하다. 가방에서 점퍼를 꺼내 입었다.
"오늘 내 얘기만 한 것 같다. 얘, 또 보자."
친구는 미안했는지 객쩍은 미소를 짓는다.
"알면 됐어."
나는 짧게 뱉고 원터골 쉼터에서 굴다리 쪽으로 가는 길로 내려섰다.

소소한 사치

　교보문고 문을 열고 들어섰다. 많은 책으로 꽉 차 있다. 늘 느끼는 기분이지만 이곳에 오면 마음이 풍요롭다. 아무리 좋은 곳이라도 이런 뿌듯한 마음이 들지는 않는다. 새로 나온 국내 소설 앞에서 두리번거린다. 고개가 뻐근하도록 올려보고 내려다본다. 특별히 읽고 싶은 책이 있어서 온 것은 아니다. 서점 근처에 볼일이 있어 왔다가 들른 것이다. 참새가 방앗간을 비껴가지 못한다는 말이 있듯이 서점 근처에 오면 으레 들르곤 한다.

　책을 좋아해 읽기 시작한 것은 여고 일 학년 때부터였다. 3시간 수업이 끝나는 종이 울리면 나는 도시락을 미리 먹었다. 그렇게 먹어야 점심시간에 도서관에서 책을 볼 수 있어서였다. 사실 책 읽는 시간으로는 점심시간 50분이 짧았다. 몇 장 넘기지 않으면 5교시 수업 시간이었다. 그때마다 아쉬움이 컸던 나는 책을 몽땅 우리 집으로 옮겨놓고 싶었다.

　도서관은 학교 뒷동산에 자리 잡고 있었다. 조금 높은 곳에 있어 계단 30여 개를 올라가야 한다. 건물은 유리로 되어 있어 밖에서도 안이 훤히 보였다. 내가 앉는 자리는 늘 정해져 있었다. 봄과 가을에는 햇살이 잘 드는 곳에 앉았다. 주로 사서司書로 있던 상급생 언니가 추천해 주는 책을 보았다. 박계주의 《순애보》, 이광수의 《사랑》, 이효석의 《메밀꽃 필 무렵》, 김유정의 《동백꽃》 등을 읽었다. 세계문학전집 안에 있는 《걸리버 여행기》, 《어린 왕자》, 《톰 소여의 모험》 같은 소설도 그때 탐독했다. 점심시간에 다 읽지 못한 책은 다음 날 이어서 보곤 했다. 가끔은 뒷이야기가 궁금해 도서 대출을 했다. 그리고 점심시간 다음 수업인 한문 시간이나 가정 시간에 교과서에 끼고 보았다. 지금 생각하면 그때 선생님이 보시고도 눈을 감아주신 것 아닌가 싶다.

그러다가 한 번은 한문 선생님에게 책을 빼앗긴 일이 있었다. 책 제목은 생각나지 않지만, 반 학생들이 돌아가면서 보던 소설책이었다. 그 책이 내게 오던 날이다. 집에 가서 보아야 하는데 궁금해서 한문책 갈피에 끼고 보았다. 책에 푹 빠져 정신없이 보고 있었다. 선생님이 내 뒤에 서 계신 줄도 몰랐다. 짝이 내 허벅지를 꼬집는 바람에 책상 밑으로 감췄으나 이미 때는 늦었다. 책을 빼앗긴 나는 반성문을 썼고, 그 책을 기다리던 몇몇 친구들의 원성을 샀다. 지금에야 서점도 많고 책도 많다. 읽으려고 마음만 먹으면 어디서나 빌려볼 수 있고 살 수도 있다. 그 시절만 해도 책을 사서 읽는다는 것은 생각도 못 했다. 어디서 빌려볼 수도 없었다. 아니 서점이 어디에 있는지도 나는 몰랐다. 그만큼 서점도 흔하지 않아 학교 도서관만 이용했던 것 같다.

나는 삼 남매를 남이 다 보내는 유치원에 보내지 않았다. 그 대신 종로 5가에 있었던 도매 서점에서 책을 사 날랐다. 동화책, 과학백과사전 등 많은 책을 사서 짊어지고 와 아이들에게 읽혔다. 집 안에 책이 점점 쌓여갔다. 커다란 책장을 장만해 아이들 방에 놓고 언제든지 꺼내볼 수 있게 했다. 아마 내가 늘 바랐던 것에 대한 보상 심리가 작용했던 것이 아닌가 싶다. 다행히 아이들은 책을 사다 주는 대로 잘 읽었다.

요즘도 독일에 사는 딸과 통화하면서 가끔 책 이야기를 한다.

"엄마, 요즈음 무슨 책 읽고 있어?"

책을 좋아하는 딸은 엄마가 읽고 있는 책이 궁금한 모양이었다.

"어, 헨리 데이빗 소로의 《월든》을 두 번째 읽고 있어."

"엄마가 읽고 나면 나한테 보내줘."

독일에서 한국 책을 볼 수 없는 딸이 그렇게 부탁하면 나는 책을 배편으로 보내곤 한다.

내 주위에는 책을 좋아하는 지인들이 몇 사람 있다. 책을 읽고 좋다 싶으면 지인들에게 서슴없이 빌려준다. 돌려주면 받고, 그러지 않으면 잊어버리고 신경 쓰지 않는다. 가끔은 추려서 버리기도 하지만, 아깝다는 생각은 접는다. 그런 내게 사람들은 책을 빌려보지 왜 아깝게 돈을 주고 사느냐고 한다. 한쪽 귀로 듣고 한쪽 귀로 흘린다. 책을 빌려보면 경제적으로는 도움 될 수 있다. 사실 물 한 병에 80원을 아끼려고 한 정거장씩 걸어 다닌다. 하지만 빌린 책은 반납해야 하는 기한이 정해져 있어 다시 읽고 싶을 때 볼 수 없기 때문에 책은 사서 본다. 책을 서슴없이 사는 일이 내 삶의 소소한 사치가 아닌가 싶다.

교보문고를 나온다. 내 손에는 책 한 권이 들려 있다. 할레드 호세이니의 《연을 쫓는 아이》다. 사치를 부렸으니 집까지 35분을 걸어야 한다. 한낮의 햇살이 머리 위로 쏟아져 내린다.

코 맞은 강아지

 2주 동안 외출하지 않고 있다. 코로나19 바이러스로 생긴 불안한 마음을 떨칠 수가 없어서다. 특별한 일 외에는 바깥출입을 삼가고 집에만 머물 수밖에 없다. 코로나19가 확산하는 것을 막기 위해 국가가 사회적 활동을 통제하기 시작했다.
 그동안 나는 많은 취미 생활을 하고 있었다. 거의 매일 아침만 먹으면 집을 나섰다. 월요일과 금요일에는 기타를 배우고 탁구를 쳤다. 화요일, 목요일은 라인댄스, 헬스, 글쓰기를 배웠다. 2주에 한 번씩 가는 등산 모임도 있었다. 내 몸이 비명을 지르도록 쉴 새 없이 움직였다. 추운 겨울 눈꽃을 보며 쑥을 뜯는 봄을, 무더운 여름철에는 땀을 식히며 밤을 줍고 단풍으로 물들 가을을 기다렸다. 하루, 한 달, 일 년이 눈 깜짝할 사이에 지나갔다. 늘 바쁜 나에게 친구들과 지인들은 만나기도 힘들고 목소리도 들 수 없다며 투덜댔다. 그런 나에게 이런 별명이 붙었다. '코 맞은 강아지'라나? 개의 신체 중에서 제일 예민한 곳이 코다. 강아지가 코를 맞으면 아파서 온 동네를 돌아다닌다고 해서 나온 말이

다. 생각해 보면 바쁘다는 핑계로 친구들과 연락을 자주 못 하고 살았다. 요즈음은 만나자는 사람도 없고, 갈 곳도 없다.

냉동실을 열었다. 추석과 설에 먹고 남은 음식들이 얼어 돌덩이같이 딱딱하다. 한 뭉치씩 내 손에 끌려 나왔다. 생선전, 고기전, 흰 떡, 송편, 녹두전이었다. 이번 기회에 다 먹어 치워야겠다고 생각했다. 발코니 창고 안에 말려 놓았던 나물도 꺼냈다. 작년 봄에 뜯어온 다래순이었다 볼 때마다 먹어야지, 하면서도 귀찮아서 지금까지 미루어 왔다. 뜨거운 물에 반나절 푹 담가놓았다. 바싹 말랐던 잎들이 물을 머금고 살아나 푸짐해졌다. 나물을 삶아 멸치, 다시마, 표고버섯을 넣고 된장국을 끓였다. 마지막에 대파를 썰어 넣으려고 냄비 뚜껑을 열었다.

그때 전화벨이 울렸다. 친구인 S의 목소리였다. 반가웠다. S는 웬일로 전화를 빨리 받느냐고 한다. 살다가 이런 일도 있다며 전화에 대고 호들갑을 떨었다. 밖에 나가고 싶어 몸살 나겠다며 나를 걱정했다. 갑갑해 어떻게 참고 있는지 궁금하다고, '코 맞은 강아지'도 코로나19는 무서운가 보다며 화통하게 웃었다. 이렇게 한가할 때 너를 만나 수다를 떨어야 하는데 아쉽다고 혀를 끌끌 찼다. 미안한 마음이 들어 다음에는 내가 전화하겠다고 했다.

발코니에 있었던 잣송이들을 꺼내와 털었다. 태풍이 많았던 작년 가을에 강원도 금병산에서 열 송이를 주워 왔다. 익기도 전에 태풍에 떨어진 잣송이가 아까워서였다. 송진이 많아 겨울 동안 발코니에 두고 말렸다.

면장갑을 끼고 툭툭 건드렸다. 송진 마른 것이 먼지가 되어 뿌옇게 시야를 흐리게 했다. 바싹 마른 잣송이에서 갈색을 띤 조그맣고 단단한 잣들이 우두두둑 떨어졌다. 주워 담으니 조그만 종이컵으로 다섯 컵이다.

여기서 끝나는 일이 아니었다. 할 일이 더 많아졌다. 잣을 까서 하얀 알맹이를 꺼내야만 한다. 오이지 담을 때 쓰던 납작한 돌과 망치를 준비했다. 힘을 주어 두드리니 으스러져 건질 것이 없었다. 약하게 힘을 주었다. 딱딱한 몸체가 하얀 살을 쉽게 내어주지 않고 사방으로 튀었다. 왼쪽 엄지손가락이 망치에 맞아 아팠다. 눈도 아프고 짜증도 나서 버리고 싶었지만 소일 삼아 계속해 보기로 했다.

아침에 일어나면 두통이 심했다. 몸은 물먹은 솜같이 무거웠다. 혹시 코로나19에 걸렸나 싶어 휴대폰을 열어 코로나19 증상을 읽었다. 다행히 열이 없어 코로나에 걸린 것 같지는 않았다. 친구들 말대로 동에 번쩍, 서에 번쩍 돌아다니다 갇혀 있으니 생병이 난 것 같았다. 의자에서 일어서려면 허리를 한 번에 펼 수가 없어 궁둥이를 쭉 빼고 일어났다. 운동을 규칙적으로 할 때는 없었던 증상들이다. 몸이 나에게 신호를 보내고 있었다. 나름대로 잘 견디고 있다고 생각했는데 운동 부족이었다. 아무리 갇혀 살아도 운동을 해야겠다고 생각했다. 시간 나는 대로 1층에서 9층까지 135개의 계단을 매일 오르고 있다. 빠져나가던 근육이 다시 붙는 소리가 났다.

문득, 며칠 전에 허리 수술을 받은 친구 K 생각이 났다. 휴대폰을 열었다. 전화 자주 못 해서 미안하다고 했다.

"나는 네가 늘 부러웠어. 나도 누가 코 맞은 강아지라고 불러주면 좋겠다."

그 말을 듣는 순간, 침대에 누워 있을 친구 모습이 그려졌다. 다 나으면 경치 좋은 곳으로 구경이라도 함께 가야겠다는 생각이 들었다.

부지깽이라도 되어 볼까

 이른 아침 까마귀 우는 소리에 눈을 떴다. 잠이 덜 깬 눈을 비비고 발코니로 나가는 문을 열었다. 매콤한 향이 코끝에 와 머문다. 홍고추 냄새다. 발코니에 가득 널린 고추는 마치 빨간 꽃처럼 보였다. 보기만 해도 마음이 풍요롭다. 탱탱하고 윤이 나던 고추들은 하루가 다르게 주글주글하게 변해가고 있었다. 상한 고추 몇 개가 바닥에 떨어져 있었다. 주워서 버릴 때마다 아깝다. 홍천 오 할아버지 고추밭에서 진땀을 흘렸던 생각이 나서다. 오 할아버지는 우리 딸 친구 시어른이다.
 며칠 전 홍천에 갔다 왔다. 홍천 터미널에 도착하니 8시 20분이었다. 장화를 신고 밀짚모자를 쓴 오 할아버지는 터미널에서 나를 기다리고 있었다. 한눈에 보아도 바쁘게 일하다 마중 나온 것 같았다. 오 할아버지가 사는 주흡치리 마을은 승용차로 20분을 더 가야 했다.
 차는 구불구불하게 이어진 길을 달렸다. 끝인가 하면 다른 길이 나타났다. 들어갈수록 산은 점점 높아졌고 숲은 울창했다. 하늘을 가리고 있었던 검푸르던 나무들은 이미 가을옷을 갈아입고 있었다. 우뚝 서 있는 적송赤松과 전나무가 눈에 들어와 꽉 찼다. 벼를 심은 논은 거의 없었다. 보이는 것은 산 밑으로 펼쳐진 푸른 밭뿐이었다. 길가에는 코스모스와 백일홍이 흐드러지게 피어 있었다. 차가 지나갈 때마다 춤을 춘다.

주흡치리 마을에 도착했다. 여섯 가구가 모여 사는 산골 마을이었다. 드문드문 떨어진 집들은 조용하다. 바쁜 가을철이라 모두 밭에 나간 것 같았다. 낯선 사람이 찾아온 걸 아는지 개들이 합창을 한다. 차에서 내려 마당에 들어섰다. 고추를 말리는 건조기 돌아가는 소리가 요란하다. 넓은 마당에는 바빠서 미쳐 손을 대지 못한 일들이 눈에 보인다. 치우지 못한 고추 꼭지 딴 것이 어지럽게 널려 있었다. 넓은 평상 위에는 고추가 산더미처럼 쌓여 있었다. 그 옆으로는 '홍천농협'이라고 새겨진 박스가 많다. 올해 고추가 흉년인데 오 할아버지 댁은 고추 농사가 잘됐단다. 시골 일은 해본 사람이나 하는 것이라며 나에게 시골 구경이나 하란다. 하지만 바쁜 것을 알고 손 놓고 있기에는 마음이 내키지 않았다. 옛말에 농사일이 바쁘면 부지깽이도 덤벙인다는 말이 있다.

흙이 묻은 작업복을 입고, 시골에서 쓰는 챙이 넓은 모자를 썼다. 토시를 하고 면장갑도 끼었다. 발에는 커다란 장화를 신었다. 거울 앞에 서서 내 모습을 보았다. '그래, 시골 사람이 따로 있나?' 거울 속에는 시골 할머니가 서 있었다. 웃음이 나왔다.

태어나서 처음으로 고추밭에 들어갔다. 정오의 가을 햇살은 따갑다 못해 뜨거웠다. 밭은 넓어서 끝도 보이지 않는다. 나는 고추를 담을 자루를 들고 밭고랑 끝까지 걸어갔다. 고추들이 허벅지를 스치면 무겁게 느껴졌다. 밭고랑 가운데 서서 양쪽 고추를 따야 한다. 너무 많아서 어떤 것부터 따야 할지 몰랐다. 아래쪽으로 붉게 익은 고추가 많았다. 허리를 구부렸다 펴기를 수없이 반복했다. 콧잔등을 타고 내려온 땀이 코끝에서 뚝뚝 떨어졌다. 등은 이미 다 젖어 바지 허리춤까지 적시고 있었다. 고추밭에 뱀이 있을 수 있다고 해서 신은 장화는 무겁고 투박했다.

허리를 펴고 둘러보았다. 사람들의 모습은 보이지 않고 움직일 때마다 고추나무가 흔들리며 모자만 조금씩 보였다. 숨소리도 들리지 않고 고추 따서 자루에 담는 소리만 가끔 들렸다. 밭고랑에 같이 들어온 사람들은 벌써 고랑을 끝내 가고 있었다. 나도 뒤질세라 부지런히 땄다. 어느새 고추 따는 것이 익숙해졌다. 온몸이 뻐근하고 힘은 들었지만 재미있었다. 그렇게 100kg의 고추를 땄다. 바쁜 가을철에 부지깽이 노릇을 톡톡히 한 셈이었다.

시장에서 돌아왔다. 현관문 앞에 커다란 박스가 있었다. 표면에는 홍천농협이라는 글씨가 쓰여 있다. 오 할아버지 댁에서 보낸 것임을 한 눈에 알 수 있었다. 박스 안에 무엇이 들었는지 무겁다. 현관 안에 겨우 들여놓고 뜯어보았다. 홍고추, 호박, 대파, 밤, 깻잎장아찌가 가득 들어 있었다. 오 할아버지가 박달나무로 손수 만들었다는 도마와 조그만 냄비 받침대도 들어 있다. 부지깽이 노릇을 한 내가 고마웠나 보다.

그렇지 않아도 홍고추를 조금 말리고 있었다. 메줏가루를 듬뿍 넣고 익힌 고추장을 담아보고 싶었기 때문이다. 나이가 들수록 가끔 입맛이 없을 때면 엄마가 담가주었던 고추장 생각이 나서다. 엄마의 고추장은 메주 냄새가 물씬 나고 구수하면서도 달콤했다. 다른 집 고추장 맛과 달랐다. 하지만 긴 장마로 고춧값이 너무 비싸 포기하려고 했다. 반갑게도 홍고추가 생겨 빛깔 곱고 맛있는 고추장을 담글 수 있게 되었다. 고추장 담글 생각에 마음이 설렌다.

달력 속에 나의 삶

"언니. 달력 필요해?"

마침 달력을 구하지 못하고 있었던 참에 귀가 번쩍 띄었다. 가계부와 벽에 거는 큰 달력을 동생이 부쳐준다고 한다. 조그만 탁상용 달력이면 더 좋겠다고 했다. 동생은 하나 있다며 언니가 꼭 필요하면 준단다. 동생이 쓸 달력을 빼앗는 것 같아 사서 쓰겠다고 했다. 동생은 무슨 달력을 돈 주고 사느냐며 펄쩍 뛴다. 못 이기는 척하고 고맙다는 말을 건넸다.

굳이 탁상용 달력을 선호하는 데는 이유가 있다. 우선 손에 닿는 곳에 두고 수시로 볼 수 있어 좋다. 요즈음은 작은 달력에도 음력이 쓰여 있어 전혀 불편하지 않다. 행사나 약속이 있는 날짜에는 이름, 장소, 시간을 적어놓는다. 그렇게 하면 누구와 어디를 갈 것인지도 잊지 않게 된다. 지나간 일도 메모만 보면 내가 무엇을 했었는지 한눈에 쏙 들어온다. 일기 뒤적이는 것보다는 달력을 보는 것이 훨씬 쉽다. 그래서 나는 4년 전부터 달력을 버리지 않는다. 부피도 크지 않아 소지하기도 편하다.

사흘 뒤 동생이 보내준 달력이 왔다. 꽃, 나비, 새가 그려져 있고, 그림 아래는 NH농협은행이라고 적혀 있다. 숫자도 큼지막해 보기도 좋았다. 새해 달력 옆에 작년 달력을 꺼내 놓았다. 그리고 작년 것을 보며 기억해야 할 날을 하나하나 빠짐없이 기록해 나갔다.

작년2020년 달력 첫 장을 넘겼다. 1월 5일에 아버지를 뵈러 간 날이라고 적혀 있었다. 베트남 여행을 떠나기 이틀 전, 아버지와 설렁탕을 같이 먹은 날이었다. 큰딸이 사주는 설렁탕이 맛있다고 환하게 웃으셨던 아버지. 그날이 내가 아버지를 마지막 본 날이 되고 말았다. 만약 여행 가지 않았다면 아버지를 몇 번 더 뵐 수 있었을 텐데……. 지나간 생각에 가슴이 뭉클해졌다. 그 후 아버지를 늘 방문했던 수요일에는 동그란 표시가 없이 숫자만 덩그러니 있었다.

올해2021년 달력에서 음력 섣달 스무이틀12월 22일인 아버지 생신을 찾았다. 작년 달력에는 1월 16일이 아버지 생신이었지만, 1월에는 없고 한 장을 더 넘겨보니 양력으로 2월 3일이었다. 날짜를 확인하고 해마다 해왔던 대로 동그란 표시를 하던 내 손이 숫자에서 멈췄다. 생신을 챙길 아버지는 이미 작년2020년 6월에 96세로 작고하셨다. 나만 보면 반찬이 맛없다고 어린애처럼 투정하셨던 아버지. 그래도 찾아가면 환하게 웃으셨던 모습이 달력 위로 스치고 지나갔다. 갑자기 코끝이 찡하고 눈동자가 흐려졌다. 결국 글썽거리던 눈물이 '툭' 하고 둔탁한 소리를 내며 떨어졌다. 나는 얼른 작년 달력으로 눈을 돌렸다.

2020년 5월을 펴 보았다. 한눈에 보아도 일 년 중 제일 바쁜 달이었음을 알 수 있었다. 거의 빈틈 없이 빼곡하다. 어린이날, 어버이날, 큰며느리 생일, 시아버님 기일, 부처님 오신 날, 여동생 생일 등이다. 아무튼 31일 동안 6일만 빼놓고 동그라미가 그려져 있었다. 자세히 보니 산행도 일주일에 두 번씩 갔다. 시간만 나면 훌쩍 떠나곤 했던 흔적이 고스란히 남아 있었다. 칼봉산, 금병산, 호명산, 굴봉산, 봉화산, 보납산. 게다가 글을 써야 하는 일도 있었다. 일 년 전 바쁘게 보냈던 한 달이 보기만 해도 뿌듯했다.

올해 2021년 달력을 폈다. 내 눈은 5월 8일 어버이날에 멈췄다.

"나 여기가 싫다. 너희 집으로 가면 안 되니?"

실버타운이 싫다고 말씀하시던 아버지 음성이 귓속을 파고들었다. 자식들에게 버림받았다는 고까움이 늘 있어서일까. 용돈 드리는 것도 마뜩잖아하셨다. 그때는 나도 늙고 힘들다는 짧은 생각이 앞섰기에 모시지 못했다. 불효라는 굴레에서 벗어나고 싶어 달력을 휙 넘겼다.

6월이다. 올해 양력 6월 10일 음력 5월 30일이 아버지 제사다. 살아생전에 당신이 죽으면 제사고 뭐고 지내지 말라고 하셨지만, 6월 10일에 '아버지 첫 번째 제사'라고 적었다. 그것도 하지 않으면 더 큰 불효를 하는 것 같아서였다. 마지막으로 10월 29일 음력 9월 24에 동그라미를 그렸다. 남편의 기일이다. 해마다 거르지 않고 해온 일이다. 그런데 글씨도 흐릿하고 귀가 먹먹한 것 같았다. 연필을 잡은 내 손이 가늘게 떨렸다. 22년이라는 긴 세월을 겉으로는 안 그런 척, 강한 척하며 살아왔다. 하지만 나도 몰랐던 마음 한구석에는 늘 남편의 빈자리가 있었나 보다.

올해 달력에 일 년 행사를 다 적었다. 새해 달력을 펴서 식탁 옆 잘 보이는 곳에 세웠다. 올해도 지난해 못지않게 가족들 모두 건강하기를 마음속으로 기도한다. 내 삶도 더도 덜도 말고 작년만큼 멋지고 알찬 삶을 살아야겠다는 다짐을 해본다.

글 한번 써 보실래요

"바쁠 텐데 뭘 오려고 하니? 날씨도 추운데."

아들이 온다는 소리에 내심 반가우면서도 이렇게 말을 툭 던졌다. '전등이 고장 났는데 마침 네가 온다니 잘 되었구나' 하면 좋으련만 그 말을 하지 못했다. 왜냐하면 갑자기 회사에 일이 생겨 못 오게 되면 아들이 걱정하는 것이 싫었기 때문이다. 어찌 되었든 며칠째 해결을 못 하고 있던 것을 처리해 줄 구원투수가 온다니 머릿속이 말끔하게 비워지는 것 같았다.

식탁 위 천장으로는 엘이디LED 전등 일곱 개가 있다. 지름이 6cm인 동그란 모양의 7W 등이다. 5년 전 집수리를 하며 설치했다. 세 개는 전구용이고, 나머지 네 개는 백열등이다. 그중에서 스위치를 한 번 올리면 세 개의 등이 켜지는 백열등만 주로 사용했다. 내가 늘 앉는 자리 오른쪽 천장에 있어 그림자도 생기지 않고 더 환한 것 같아서였다.

얼마 전 해 질 무렵, 스위치를 올렸다. 세 개의 등 중에서 하나가 깜박거렸다. 그러더니 다음 날 아주 가버렸다. 등 하나가 들어오지 않으니 어둑했고 눈도 더 침침하고 아주 불편했다. 고장 난 등을 떼어 사다가 갈아보려고 식탁 위로 올라섰다. 어떻게 뜯어야 할지 몰라 이리저리 살폈다. 천장에 밀착된 등은 꿈쩍도 하지 않았다. 형광등이라면 할 수 있었을 텐데 요즈음 등은 달라서 내게 낯설었다. 그렇게 등과 실랑이하다 내려서니 어지럽고 다리가 후들거렸다. 할 수 없이 다른 등을 켰지만, 뭔가 예전같이 환하지 않았다. 고장 난 등 하나의 자리가 크게 느껴졌다.

그렇게 3주가 지났다. 답답해서 전기 조명 가게에 전화했다. 주인 말로는 집으로 가면 출장비가 있다고 한다. 조그만 등 하나 달려고 출장비까지 지불하기는 싫었다. 아파트 관리실을 찾아갔다. 전기 담당하는 아저씨가 따라왔다. 등을 떼더니 같은 것으로 사다 놓으면 달아준다고 한다. 전등을 떼어낸 뻥 뚫린 구멍으로 눈길이 갈 때마다 신경이 쓰였다.

아들이 날씨가 너무 춥다며 손을 비비고 들어선다. 부지런히 아들 밥상을 차렸다. 김, 멸치볶음, 물김치, 계란말이 등을 뜨끈한 김치찌개와 곁들여 아들 앞에 놓았다. 아들은 배가 고팠는지 맛있게 먹었다. 그때 천장에 뻥 뚫린 구멍을 본 아들이 물었다.

"엄마, 저거 왜 그래요?"

"저기 있던 등이 아예 갔어. 그래서 관리실 아저씨가 떼어놓고 가서 그래."

"제가 잘 왔네요. 어디서 등 파는지 아세요?"

"강서구청 사거리 하이웨이주유소 건너편에 있어."

점심을 마친 아들이 길 안내를 하라며 서둘렀다. 나는 떼어낸 전구를 들고 집을 나섰다. 우리 집에서 그곳까지 가려면 승용차로 5분쯤, 도보로는 25분이 걸린다.

전기 도매상 앞에 차를 세웠다. 측면에는 빨간색으로 '태양 전기조명'이라고 쓰여 있다. 2층과 3층은 각종 전구 모양과 조명등이 밖에서도 볼 수 있게 진열되어 있었다. 안으로 들어갔다. 1층에는 전구와 전기 재료가 가득 쌓여 있었다. 나는 백열등 전구 하나만을 사려고 했다. 그때 옆에 있던 아들이 백열등은 눈이 피로해서 좋지 않다며 전구색으로 세 개 달라고 한다. 전등 세 개의 값은 만 5천 원이었다.

차 안에서 아들과 나는 의견이 엇갈렸다. 아들은 나머지 두 개도 다 전구용으로 바꾸자고 하고, 나는 두었다가 고장 나면 사용하자고 했다. 왜냐하면 고장 나지도 않은 전등을 갈아 끼우는 것이 아까웠기 때문이다. 하지만 아들은 내가 글을 쓰고 책 읽을 때는 백열등보다 전구용이 좋을 것 같단다.

집에 도착한 아들은 고장 났던 전등 자리에 새것을 끼웠다. 그리고 스위치를 올렸다. 백열등과 전구용을 비교해 보란다. 백열등보다 전구용이 눈이 덜 부시고 안정감이 들었다. 좋다고 하자 아들은 나머지 두 개도 전구용으로 바꾸자고 한다. 내 고집만 세우는 것 같아 승낙했다. 아들이 전구색으로 세 개를 다 갈아 끼우고 스위치를 올렸다.

"엄마, 어때요?"

"네 말대로 하니 집이 더 환해진 것 같다 얘."

"그럼, 오늘 기술자가 한 일이 맘에 드셨다면 글 한번 써보세요."

"그래, 알았어."

어느새 해가 서쪽으로 넘어가고 있었다. 아들은 해야 할 일을 해서 그런지 뿌듯한 모습으로 현관문을 나섰다. 나는 고맙다며 아들 등을 서너 번 쓰다듬었다.

청포도가 익어가던 날

사당역에서 수원 종합운동장 가는 7770번 급행버스를 탔다. 차창 밖, 길옆으로 늘어선 가로수에는 벚꽃이 흐드러지게 피어 있었다. 오늘은 21기 여고 동창생 '청포도' 모임이 있는 날이다. 코로나19로 4년을 보지 못했던 친구들이 궁금했다. 이번 모임에는 어떤 친구들이 나올까? 어떤 모습일까? 생을 등진 친구는 없는지……. 많은 생각들이 머릿속에 맴돌았다.

여고를 졸업한 지 60년이 되었다. 그 후 우리는 '청포도'란 이름으로 일 년에 한 번씩 모였다. 청포도는 80여 년의 전통을 이어온 청신함을 뜻하는 모교 교지校誌에서 비롯된 명칭이다. 결혼한 후에도 시간을 내어 모임에 참석해 친구들과 여고 시절로 돌아가곤 했다. 하지만 남편이 세상을 등진 2000년 이후에는 발길을 끊었다. 불행한 일이 내게만 닥친 것 같아 마음을 닫았다. 친구들의 부름이 있었지만, 마음을 열지 않았다. 그러다 2018년 동창회장 H가 친구들이 나를 많이 보고 싶어 한다며 이제는 훌훌 털고 나오라고 했다. 세월이 흘러 상처가 희미해진 탓이었을까. 그때부터 참석하게 되었다.

모임 장소는 북수원에 위치한 중국 음식점 '길음성'이었다. 5층 건물 2층에 있었다. 집에서 부지런을 떨고 왔건만 12시 30분, 약속 시간에서 10분이 늦었다. 숨가쁘게 계단을 올랐다. 일찍 도착한 친구들의 왁자한 소리가 들렸다. 문을 열었다. 친구들은 둥근 테이블에 여섯 명씩 앉아 있었다. 모두 반갑다고 손을 흔들며 내 이름을 부른다. 여고 3학년 때 짝꿍이었던 P가 뛰어와 내 목을 끌어안았다. 몇몇 친구들이 다가와 내 손을 잡고 인사했다.

"너 본 지 오래됐다. 나 누군지 알겠니?"

낯설지 않은 모습이지만, 이름은 기억나지 않았다. 친구가 이름을 대면 그제야 어렴풋이 생각났다.

"아, 맞아, 맞아. 정말 오랜만이다 얘."

대답은 그렇게 했지만, 사실 처음 보는 친구도 있었다. 같은 반을 하지 않았던 친구는 이름을 밝혀도 전혀 기억이 없었다. 모두 곱게 화장하고 옷차림이 단정해 건강해 보였다. 내일모레면 팔십이 되는 할머니들이라는 생각이 전혀 들지 않았다. 머리가 허연 사람은 나뿐이었다.

"얘, 염색 안 한 네 머리 멋지다. 너와 잘 어울려."

친구들은 이구동성으로 내 머리에 찬사를 보냈다. 그때, Y가 나를 끌어 자기 옆자리에 앉힌다. 순간 당황했다. 4년 전에 봤을 때만 해도 Y는 내게 반갑다는 말 외에는 하지 않았던 친구였다. 여고 시절에도 있는지 없는지 말이 없던 친구였다. 세월이 흐르니 사람도 변하나 싶었다. 샐러드, 죽, 칠리 새우, 탕수육 등이 차례로 나왔다. Y는 음식이 나와도 먹을 생각을 하지 않는다. 묻지도 않는 자기 자식들 이야기와 교회 이야기를 두서없이 이어갔다.

그때 건너편에 앉은 H와 눈이 마주쳤다. H는 내게 눈을 껌뻑거리며 소리 없이 입 모양으로 "치~매~"라고 한다. Y가 옛날보다 말이 많아져 이상하다고 느꼈지만 치매라니 믿기지 않았다. 그렇다고 일어나 다른 곳으로 가서 앉을 수는 없었다. 나는 Y의 말을 열심히 들어주는 척 고개를 자주 끄덕였다. 음식이 어디로 들어가는지, 맛도 느낄 새 없이 우적우적 씹어 삼켰다. Y는 자기 앞으로 음식이 나왔지만 아랑곳하지 않았다. 마지막에 나온 짜장면까지 내 앞으로 밀어놓고 말을 이어갔다.

그렇게 식사가 끝났다. H가 내 곁에 와서 슬그머니 귀띔해준다.

"야들이 겉으로 보기에는 다 멀쩡한 것 같지? 치매 환자가 두 명 있어."

"어머 그래? 그럼 어떻게 여길 왔지?"

"남편들이 데리고 왔어. 두 사람 모두 약을 복용 중이래. 그래도 친구가 보고 싶어 오는데 누가 말리냐?"

H는 다른 식탁에 앉은 K를 가리켰다. K는 옆에 친구와 멀쩡하게 이야기하며 웃는다. 그러다가 핸드폰 거울을 보고 앞머리를 자주 쓸어내렸다. 머리를 이마에 찰싹 붙이는 깻잎머리 스타일을 만들고 있단다. 여고 시절 항상 웃고 다녀 '해바라기'라는 별명을 가졌던 친구다. 키도 늘씬하고 모난 곳이 없어 보인다. K의 모습을 한동안 바라보았다.

우리에게는 가랑잎 굴러가는 것만 보아도 배꼽을 움켜쥐고 웃었던 시절이 있었다. 그 일이 엊그제 같은데, 세월이 남기는 상처인 것 같아 아쉽고 애잔했다. 4년 전에 만났을 때만 해도 없었던 일이다. 순간 걷잡을 수 없는 공허감이 몰려왔다. 어찌 남의 일이라 할 수 있겠는가? 마음이 청춘이라 겁없이 사는 내 삶의 경고장 같기도 했다.

그때 누군가 교가를 먼저 불렀다.

"팔달산 옛 성 아래 만세의 반석~."

누가 시키지 않아도 36명의 합창단이 교가를 따라 불렀다. S가 앞에 나가 지휘를 한다. 친구들의 모습을 하나하나 놓치지 않고 둘러보았다. 그곳에는 치매가 걸린 할머니도, 가발 쓴 할머니도, 머리가 허연 할머니도, 어깨가 굽은 할머니도 없었다. 옛날 60여 년 전, 까만 단발머리에 하얀 교복을 입은 여고생들이 교가를 부르고 있었다. 교가가 끝나자 모두 손뼉 치고 웃는다. 촉촉해진 눈의 물기를 닦느라 바쁘다. 그렇게 한바탕 웃고 떠드는 동안 오후 4시가 다되어 갔다. H가 모임의 마무리를 짓는다.

"친구들, 오늘 참석해 줘서 고마웠어. 내년에 다시 건강한 모습으로 만나기를 바래. 그리구 시간 되는 사람들은 만석공원 한 바퀴 돌면 어떨까?"

만석공원은 '길음성'에서 5분 거리에 있었다. 거의 찬성이다. 저녁 7시 30분에 글 수업이 있는 나는 망설였다. 이대로 집에 가야 하나? 아니면 더 머무를까?

'아냐, 일 년 후에는 이 친구들과 함께할 수 없을지도 몰라.'

나는 친구들 속으로 묻어 들어갔다. 삼삼오오 짝을 지어 웃고 떠들며 걸었다. 훈훈한 봄바람이 모두의 어깨를 감싸고 돌았다.

그 위로 우리 마음의 청포도가 익어가고 있었다.